『一带一路』背景下郑州大都市区智慧一体化研究

"YIDAI YILU"BEIJINGXIA ZHENGZHOU DADUSHIQU ZHIHUI YITIHUA YANJIU

邓　岩◎著

项目类别：2018年度河南省哲学社会科学规划项目
项目名称：「一带一路」背景下郑州「智慧一体化」研究（2018BZZ001）

中国经济出版社
CHINA ECONOMIC PUBLISHING HOUSE
北　京

图书在版编目（CIP）数据

“一带一路”背景下郑州大都市区智慧一体化研究 / 邓岩著 . -- 北京：中国经济出版社，2021.9

ISBN 978-7-5136-6624-4

Ⅰ . ①一… Ⅱ . ①邓… Ⅲ . ①现代化城市 - 城市建设 - 研究 - 郑州 Ⅳ . ① F299.276.11

中国版本图书馆 CIP 数据核字（2021）第 184639 号

责　　编　杨　莹　郑潇伟
责任印刷　巢新强
封面设计　久品轩

出版发行　中国经济出版社
印 刷 者　北京中石油彩色印刷有限责任公司
经 销 者　各地新华书店
开　　本　710mm × 1000mm　1/16
印　　张　12.75
字　　数　188 千字
版　　次　2021 年 9 月第 1 版
印　　次　2021 年 9 月第 1 次
定　　价　98.00 元
广告经营许可证　京西工商广字第 8179 号

中国经济出版社 **网址** www.economyph.com **社址** 北京市东城区安定门外大街 58 号 **邮编** 100011
本版图书如存在印装质量问题，请与本社销售中心联系调换（联系电话：010-57512564）

前　言

2016年12月29日，国家发展和改革委员会印发《中原城市群发展规划》，并明确提出，将中原城市群建设成为中国经济发展新增长极、重要的先进制造业和现代服务业基地、中西部地区创新创业先行区、内陆地区双向开放新高地和绿色生态发展示范区，建设现代化郑州大都市区，推进郑州大都市区国际化发展。至此，以郑州大都市区为核心的中原城市群正式跻身七个国家级城市群之列。

在改革开放进入第四个十年之时，习近平总书记提出的“一带一路”倡议将为我国未来发展带来巨大动力。而中原城市群位于我国中部，地处长三角、珠三角、京津冀之间，具有连接东西、承启南北的天然地理优势，是“一带一路”倡议的关键环节，应积极响应“一带一路”倡议，充分发挥地理优势，把握飞跃式发展的战略机遇。

城市群的发展，关键就在于如何实现城市之间的协调联通和资源共享，消除城市之间的“行政区”束缚，最终达到城市群的规模性共赢。而智慧城市“全面感知、互联互通”的基本特征，使得城市群协调、共享的要求得到充分落实，为以郑州大都市区为核心的中原城市群进一步整合、发展提供新的路径。近年来，为响应政府号召，中原地区的各个城市相继开展智慧城市建设工作，并有大部分城市入选成为国家智慧城市的建设试点。因此，在智慧城市兴起的浪潮下，如何乘借智慧城市的东风整合中原城市群相关资源，协调中原城市群“智慧一体化”建设，紧密连接各个城市，响应“一带一路”倡议，发挥中原地区的地理优势，服务国家战略，把握历史机遇，将成为重要的研究课题。

目　录

第一章　智慧城市的价值

随着工业化水平的飞速提升，全球多数地区的人口出生率在大幅上升，而医疗技术水平的进步使死亡率大为下降，从而使世界人口出现爆炸式增长。据联合国预测，全球人口有望在21世纪末突破百亿，与此同时，全球城市化发展更为迅猛。20世纪初，世界的城市化率仅为13%；20世纪中叶，世界的城市化率提升至30%；未来，城市依旧会保持较高的发展速度，保守估计，到2050年，全球城市人口将达到64亿，世界的城市化率将超过70%。城市的快速扩张带来了巨大的经济效益，推动着社会进步，同时也造成交通拥挤、自然环境破坏、能源紧缺等一系列“城市病”，成为制约城市发展的重要因素。

2008年金融危机爆发，IBM公司于同年11月在纽约召开的外国关系理事会上提出了“智慧地球”理念；2009 年，IBM 公司与迪比克市合作建立美国第一个智慧城市；2010 年，IBM 公司正式提出“智慧城市”愿景，将利用新一代信息技术更好地理解和运营城市，优化城市资源配置。与传统的信息化城市相比，智慧城市的功能特征不仅仅局限于高速泛在的信息基础设施、智能精细的城市管理、透明高效的政府治理，还包括弹性软化的产业形态、包容的社会结构、舒适便捷的生活环境、高能个性的社会成员等。这对于解决当前城市发展所面临的问题，提升城市管理效能，提高公共服务水平，促进城市经济发展，实现城市价值等具有重要意义（张毅、陈友福和杨凯瑞，2012）。

彭继东（2012）将智慧城市的作用分为基础业务、行政业务、智慧服务及智慧城市运行管理四类，将智慧城市的价值分为经济价值、社会价值及服务价值三类：经济价值体现在智慧城市将成为城市经济增长的倍增器；社会价值体现在智慧城市将是解决城市病的有效手段；服务价值体现在智慧型的服务政府。韩天璞（2013）研究了智慧城市建设及运营模式，提出智慧城市的三种价值，即社会价值、经济价值和民生价值。首先，智慧城市的社会价值是在智慧城市建设与运营的过程中，城市结构形态得以重塑，有利于社会系统与自然生态系统的协同发展；其次，智慧城市的经济价值能够促进城市经济转型和升级；最后，智慧城市的民生价值是在智慧城市建设与运营过程中关注“以人为本”。潘啸和马成文（2013）以城市建设现状为基础，从四个方面阐述了建设智慧城市的意义：第一，建设智慧城市有助于转变城市经济快速、持续的增长方式，以突破城市发展的极限；第二，建设智慧城市有助于推动产业升级和结构调整，满足城市经济可持续性发展的要求；第三，建设智慧城市有助于优化居民的生活方式，提升居民的生活质量；第四，建设智慧城市有助于快速、高效处理应急性事件和突发性事件。严清清（2015）认为，智慧城市建设的功能可以分为以下几个方面：一是推动模式转变，促进城镇发展；二是优化产业结构，培育新兴产业；三是提高服务能力，改善治理模式；四是解决民生问题，提高生活品质；等等。张琳（2015）以马克思人学思想为视角，阐述了发展智慧城市的意义，即在经济层面，保证城市建设健康、合理、可持续；在管理方面，保证城市管理的科技化，用智能信息化手段让城市生活更舒适平衡；在生活层面，能够使人与人之间、人与自然之间更加和谐安全。

综合以上学者的观点，基于城市价值链理论，智慧城市的价值可以分为形态价值与功能价值两大类。其中，形态价值是城市形态高级化，即城市能否不断地由低级形态向高级形态演化，主要指优化城市空间结构、推动“低碳、生态、绿色”城市发展两个方面；功能价值是城市功能价值最大化，即城市能否提高经济发展水平、优化社会环境及改善市民生活品质，包括经济价值、服务价值、民生价值三个方面（张毅、陈友福和杨凯瑞，2012；彭继东，2012；韩天璞，2013）。

一、智慧城市的形态价值

智慧城市是新一代信息技术在城市中的深入应用，新一代信息技术的感知化、互联化和智能化将重塑城市结构形态，促进社会系统与自然生态系统的协同发展。智慧城市塑造的全新的城市形态表现在优化城市空间结构及推动“低碳、生态、绿色”城市发展两个方面（张毅、陈友福和杨凯瑞，2012）。

1. 优化城市空间结构

随着我国城市化进程不断加快和城市经济发展水平的不断提高，城市发展陷入“集聚”与“扩散”的两难选择。城市在发展过程中，集聚各种资源，虽然可以实现经济增长，但过度集聚将会导致环境破坏和交通拥堵等问题的出现；同时，扩大城市范围虽然可以缓解城市资源有限的问题，但却带来了更昂贵的交通成本、公共财政支出、人们生活不便等问题。而智慧城市的出现则可以优化城市空间结构，有效地缓解在经济发展过程中产生的诸多问题。

首先，智慧城市利用物联网、大数据、云计算等新一代信息技术建设智能交通网络，打破了一直占主导地位的物理空间结构，物理空间与智能技术实现的虚拟空间相互渗透和影响。智能交通网络的建设可以提升城市和区域流动空间，加快区域内部的人流、物流、技术流、资本流、信息流等要素流动，缩短了城市之间相互作用和联系的时空距离，实现城市之间要素的高效流动和服务质量的提升。例如，在长三角、珠三角、京津冀等经济发达地区，重点通过智慧技术来强化城市之间的生产网络、创新网络关联，建立一个超大型的智慧城市活跃地带。功能区和空间的不同要素在城市内部不停地交流涌动，成为城市内部空间重构和转型发展的重要动力。依托智慧城市的技术手段，提升城市不同功能空间的要素交流涌动，进而提升城市的各个方面的发展质量和可持续发展程度。利用各种移动终端和传感器，来获取和处理城市居民活动、企业运行、环境质量等方面的大数据，并结合城市规划、建设和管理来营造更加人本、绿色、集约的城市功能空间，增强城市规划、解决城市实际问题和服务居民、企业、政府的能力。而且，在建设中必须坚守集约高效、绿色低碳的发展理念，将智慧技术与居住区、商业区、产业园区、休闲区等空间融合，增强城市空间发展内涵。同时，将智慧、人文等要素渗透到城市有机更新中，实现存量空间的转型，进一步推进智能公共交通的运用，不断推广使用绿色能源和可再生能源，建设便捷、高效、低碳的城市智慧交通网络。同时，加强对区域和城乡空间规划、建设情况的实时动态监督、评价、调控和管理，利用信息技术，引导空间布局优化有序发展（周蕊，2015）。

其次，智慧城市建设将重新调整城市“核心—边缘”的功能定位，城市中心区将主要扮演信息枢纽的角色，其他的城市功能可以更为合理地分配到城市边缘区，城市的精细化管理将提高公共资源的使用效率，从而有效地降低城市中心区的拥挤成本和环境治理成本（张毅、陈友福和杨凯瑞，2012）。

通过合理的智慧城市规划，有效地分解超大城市的压力，形成以一点为中心的城市群落。以新一代信息通信技术在城市经济社会发展各领域的充分运用为主线，以最大限度地开发、整合和利用各类城市信息资源为核心，以居民、企业和社会提供及时、互动、高效的服务为手段，以提高城市运行管理和综合服务水平、改善居民生活质量、提升政府行政效能、增强城市综合竞争力和品牌影响力为目标，通过智能的解决方案，实现智慧的感知、建模、分析、集成和处理。以更加精细和动态的方式提升城市管理、城市运行和城市生活水平，对城市活动空间组织结构和对应的实体空间结构产生影响，并使得城市发展由单核聚集向多核离散转变，从而使城市达到前所未有的高度“智慧”状态（张琳，2015）。

智慧城市的全面运营使得智慧商务、智慧政务等成为可能，重新调整了城市的功能定位，市中心只承担信息枢纽的角色，其他城市功能和资源则可以更为合理地进行分配，从而解决目前大城市规模不合理的问题（韩天璞，2013）。

2. 推动“低碳、生态、绿色”城市发展

十八大报告提出“要着力推进绿色发展、循环发展、低碳发展‘三大发展’，强调把生态文明建设放在突出地位，融入经济建设资源消耗低、环境污染少、产品附加值高、生产方式集约”。因此，当前最重要的是寻

求一种“低碳、绿色、生态”的城市发展新模式。中国城市化的粗放型增长模式给城市的资源供给能力和环境承载能力带来巨大的挑战，而智慧城市建设恰恰是当前中国实现“低碳、绿色、生态”城市发展的有效选择（张毅、陈友福和杨凯瑞，2012；严清清，2015）。

首先，智慧城市具有智慧的经济结构和产业体系，以及高效增长的城市经济体系（谷春宇 2013），且智慧城市的经济是绿色经济，其绿色经济的含义是：通过创新生态科技使人的经济活动遵循生态系统内在规律，在促进人全面发展的基础上，促进生态系统的协调、稳定、持续、和谐发展。科学技术是生态与经济之间的中介，只有充分发挥人的主观能动性，开发研制生态环保的技术体系，才能保证生产环节的绿色环保（张琳，2015）。

其次，智慧城市是发展低碳经济的先行者（刘凤莲，2012）。尽管信息技术行业本身的碳足迹不断增长，但是通过智慧解决方案将信息技术应用到其他行业中，使用技术以非实物化的方式改变城市生活、工作、学习、旅游的运作方式，可以实现减排的目标。

再次，智慧城市是循环经济的实行者。随着社会经济的不断发展，人们的需求从基本的物质上的需求转化为文化上、心理上、精神上的需要，带动了娱乐服务业、旅游服务业、信息网络服务业的发展，是对“大量生产、大量消费、大量废弃”的传统增长模式的根本变革。智慧城市在发展过程中既充分考虑城市生活系统的承载能力，又尽可能的节约城市资源，不断提高现有资源的利用率，循环使用资源（王冰，2013），创造社会财富。

最后，智慧城市的核心理念之一就是可持续发展，它能够运用信息技术对环保、民生、城市安全等提供保障，IBM 公司提供的智慧城市解决方案就是利用新一代信息技术，对民生、环保、公共安全等城市需求做出智慧响应，形成具备可持续内生动力的安全、高效、绿色的城市形态。同时，智慧城市的支柱产业——信息技术行业以智力资源和信息资源作为投入要素，其属于高科技产业，本身就具有低能耗、低污染的特征，可以实现经济的集约型发展（韩天璞，2013）。

智慧城市的理念使经济发展和生态保护二者能够和谐共处，且智慧城市的建设又将促进环境的改善，实现城市发展的良性循环。因此，通过智慧城市的规划，在资源限制的基础上，充分利用信息技术，发展信息技术产业，提高资源使用效率，缓解“城市病”问题，增强城市竞争力，创建智慧化公共服务体系，提高城市居民生活质量等，就能实现城市的低碳、生态、绿色与可持续发展。

二、智慧城市的功能价值

智慧城市的功能价值主要体现在：推动城市发展模式的转变，保证城市建设健康合理可持续；优化产业结构，培育新兴产业；提高服务能力，改善治理模式，保证城市管理的科技化；解决民生问题，提高民众生活品质；用智能信息化手段让城市生活更协调平衡，使人与人之间、人与自然之间更加和谐安全（潘啸，2013；严清清，2015；张琳，2015 等）。综合以上学者的观点，可以把智慧城市的功能价值分为经济价值、服务价值、民生价值。

1. 经济价值

经济价值体现在智慧城市将成为城市经济增长的倍增器。郝斌等（2013）以上海市为例，深入探索了智慧城市的产业经济带动效应的直接效应、关联效应和衍生效应。韩天璞（2013）认为，经济是一个城市实现良好发展的基础，智慧城市的建设与运营、新一代信息技术的应用除了能够重塑城市结构形态之外，还能促进城市经济的转型和升级。

（1）将智慧技术应用于改造传统产业，以促进传统工业升级。通过应用智慧技术改进传统产业的管理方法、资源利用方式、更新工艺设备等，能够对传统产业进行业务和流程再造，最终实现企业物流、资金流和信息流的高效运转和有机统一，从整体上提高企业的协同运作能力（韩天璞，2013）。

目前，劳动密集型和资源密集型产业仍是我国大部分城市的支柱产业。随着劳动力成本的持续增长，资本将会向劳动力更廉价的国家转移，在日趋激烈的竞争环境下，我国劳动力的优势将逐步丧失。虽然我国很多城市都拥有丰富的物质资源和人力资本，但由于城中的公司和高等院校都各自为政，形成不了城市间协同创新机制的平台，所以，城市的整体创新能力比较弱（潘啸，2013）。同时，智慧城市给传统产业带来一系列新变化，包括改变产品需求、拓展交易空间、丰富商业模式、降低交易成本、提高生产效率等，并对装备制造、交通物流、农业、生活服务等传统产业领域产生了重要影响（高璇，2016）。

在工业化和信息化“两化融合”理念的推动下，中国传统产业的信息化水平在过去10余年里得到明显提高。然而，与传统产业的信息化专注于单个子系统的设计和实现不同，智慧城市倡导对企业的产品设计、生产、管理、营销、服务等环节全面实施智能化改造，企业生产系统、通信系统、安防系统、火灾报警系统及其他系统之间将实现无缝隙互联互通，泛在感知企业微观信息，并利用云计算平台对企业实时数据进行处理和分析，实现企业信息流、物流、资金流、业务流的有机统一和集成，整体提高企业协同运作能力（张毅、陈友福和杨凯瑞，2012），进一步建立虚拟和实体的协同创新机制，整合不同行业之间的协同机制，以此来增强城市的创新能力，进而加速产业升级和结构调整（潘啸，2013）。例如，在服装产业中，以往的生产模式都是以企业为中心，企业对客户进行调研及在行业风向的把握上进行生产活动，吸引顾客购买。这样的生产模式在工业化初期取得了巨大成就，但是在追求个性化的今天面临严峻的挑战，国内服装企业也频频爆出存货危机。以往因为顾客需求信息较难获取，并且设计公司及品牌公司也仅有几家固定的代工厂，大量的企业生产资源被闲置，而在以阿里巴巴为主导的智能工厂平台中，以其旗下的淘宝网平台为依托，通过对客户浏览量、点击量、收藏量、浏览时间等大数据进行统计，可以以较低的成本获取最真实的客户需求信息。设计公司根据这些信息，进行小批量的定制化生产，在保障成本的同时，也可以获得可观的利润。在生产环节，随着定制化生产的兴起，阿里巴巴又构建了类似淘宝网、服务于设计企业与生产企业的平台，通过将生产厂家的生产效率、生产范围、生产评价、生产档期等信息在平台上发布，设计企业可以根据这些信息与生产厂家进行合作，不仅降低了双方的合作成本，也大大地解放了生产厂家的闲置生产力（石洁星，2015）。

因此，智慧城市建设中的智慧技术应用于城市的传统工业和服务业发展过程中，可以推动传统企业的技术、组织和生产或服务模式的创新，有利于实现我国城市产业发展由劳动密集型向技术密集型转变，甚至可以衍生智慧制造业、智慧商务等产业形态，有利于最大限度地提高生产力。（严清清，2015）

（2）智慧技术的集聚化将培育战略性新兴产业。智慧技术的集中应用还能培育新兴产业，包括新一代移动通信、智能终端、物联网和云计算等技术的开发应用及产业化，新型产业的繁荣发展能够培育新的经济增长点，促进城市经济日益昌盛（韩天璞，2013）。

2008 年爆发的国际金融危机使中国的实体经济受到了巨大冲击，传统产业的比较优势逐渐削弱，培育技术含量高、资源消耗少的战略性新兴产业成为破解中国经济发展难题的迫切要求（李姝，2012），并且，智慧城市发展可以带动大量的新技术开发与应用。国务院在2010年10月颁布了《国务院关于加快培育和发展战略性新兴产业的决定》，将节能环保产业、新一代信息技术产业等7项产业列入重点扶持对象，其中，新一代信息技术产业主要包括新一代移动通信、下一代互联网核心设备、智能终端、物联网、云计算等技术的研发、示范应用和产业化。智慧城市作为新一代信息技术的整体集成与具体应用，将推动现有信息产业继续繁荣与发展，催生新的产业，培育新的经济增长点。

物联网、云计算作为推动智慧城市概念形成的关键性技术，具有十分广阔的市场运用前景。新华社在2016年11月1日发布的《2015—2016年中国物联网发展年度报告》中提出，中国成为全球物联网发展最为活跃的地区之一，2015年，我国物联网产业规模达7500亿元，"十二五"期间年复合增长率约为25%。公众网络机器到机器（M2M）连接数突破1亿，占全球总量的31%，成为全球最大市场。2016年4月，前瞻产业研究院提供的《2016—2021年中国云计算产业发展前景预测与投资战略规划分析报告》提出，2012—2015年，我国云计算市场从482亿元上升至1315.8亿元，保持了高速增长态势，年均复合增长率高达61.5%。

智慧产业不仅具有广阔的市场前景，还具有明显的集聚化发展优势。例如，工信部于2016年7月发布的《促进中小企业发展规划（2016—2020年）》提出，促进产业集群发展的要求。即按照"布局合理、产业协同、资源节约、生态环保"的原则，加强规划引导，改善发展环境，推动智慧集群建设，形成一批产业集聚度高、创新能力强、信息化基础好、引导带动作用大的重点产业集群。智慧技术的广泛应用促进了信息化建设途径的深刻变革，集成、融合、共享、互联等理念深入人心，并由此产生新的产业体系，对新兴产业的发展与经济增长的助推作用变得越来越强劲

（郭九龙，2015）。

因此，智慧城市建设过程中以云计算技术和3S（GIS，GPS，RS）为核心，以物联网和移动互联网的创新与应用为基础，不仅可以不断创新信息技术，壮大高新技术产业规模，带动软件与信息服务业及创意产业等新兴产业的发展，还可以集聚高新技术产业，在提高技术产业在城市发展经济中的比重的同时，有利于培育战略性新兴产业，创造新的经济增长点（严清清，2015）。

（3）智慧产业的带动效益推动产业高端化发展。关于“智慧产业”的概念，郎咸平（2012）认为，“智慧产业”属于第四产业，“智慧”本身就是产品、商品，其不同于高端服务业。张勇民（2011）认为，智慧产业是一种新型产业体系（如Facebook等），具有感知、学习、成长、决策等能力，它不同于知识产业和信息产业，能够形成虚拟空间并放大城市的无形规模，同时，还可以统筹开发和利用虚拟空间。卢效峰和程大章（2013）认为，狭义的“智慧产业”包括电子信息产品制造业和信息服务业，广义的“智慧产业”除狭义的含义外，还涵盖智慧装备和产品研发制造业（由装备和产品制造业转型升级形成）、智慧服务业（由服务业转型升级形成）、智慧农业（由农业转型升级形成）等。

中国产业转型的重要举措之一是推动产业链向高端化发展，智慧产业的发展将带动城市产业向高新技术产业、现代服务业等高端产业发展，并且向这些产业的研发、服务等价值链高端环节集聚（张毅、陈友福和杨凯瑞，2012）。

首先，从创新链角度看，智慧产业的发展过程中在创新方式上利用信息网络平台，大力推动开放式创新，将企业的研发、制造、营销、营运等区段的大量技术性或管理性难题通过网络平台委托给众多知识型个体或开源型生产者，让全世界不同地域的人们与企业员工共同提供解决方案，实现创新资源全球配置，集全球众智解企业发展之难，构建开放型创新链条。在创新效率上，充分借助大数据、云计算等信息技术，准确把握市场创新需求，将市场创新与消费者需求连接起来，构建高效创新链条（高璇，2016）。

其次，从技术链角度看，新一代信息产品制造业本身是一种典型的高新技术产业，具有高知识密集度、高附加值、有效节约能源与资源等特点，智慧产业通过信息技术与其他高新技术甚至与传统技术融合，进一步激励高新技术的创新与研发，整体提升技术的复杂性、精细性，加快高新技术的产业化进程。

最后，从价值链角度看，智慧产业发展主要集中在具有高附加值、能够吸纳大量就业人口并且具有巨大产业创新空间的现代服务业。在智慧城市建设过程中，信息传输服务业、信息技术服务业、信息资源产业（数据海）等基础信息服务业将实现快速而充分的发展，在此基础上，金融保险、电子商务、旅游等一大批现代服务业将加速发展，以信息服务业为核心的服务经济在经济结构中逐步占据主导地位（张毅、陈友福和杨凯瑞，2012）。

新一代的信息产品制造业本身就是一种典型的高新技术产业，在其他高新技术和传统技术融合的过程中，能够激励高新技术的创新与研发，加快高新技术的产业化进程，推动高端产业的发展（韩天璞，2013）。

（4）转变城市经济快速持续增长，从而突破城市发展的极限。目前，粗放式的城市化建设建造了城市的“四肢”。空间、土地、能源和水等资源受限于城市发展，城市人口的迅猛激增、城市环境的日益恶化等问题也使城市面临着巨大的压力，这些问题用传统的技术和管理方法已难以有效地解决，因此，部分发达国家已经在摸索、学习如何使用新一代的信息和情报技术来重新诠释城市的性质，明确城市的发展目标，探寻城市的潜力

（潘啸，2013），而智慧城市的功能相当于城市的“神经系统”和“大脑”，将对城市经济起到较大的促进作用。

第一，智慧城市建设将成为新的经济发展途径。传感网、物联网、互联网更新、超级电子计算机，以及数据处理、计算技术的研发、制造和应用，这些高科技资本密集产业会成为新的经济增长点和产业升级的引擎，对相关产业的带动力极强。

第二，提升城市经济发展的质量。智慧城市使得城市系统升级换代，基于城市系统的财富创造活动也升级换代，促进整个城市经济向知识经济和创新经济转型，提升经济发展质量，实现高效、低耗、可持续发展的目标。

第三，激活民间投资、促进就业。首先，民间投资将得到大量的政府采购订单、服务外包等业务机会，促进民间投资产业结构不断升级；其次，公共服务水平的提升、智慧基础设施和智慧服务的普及，都为民间投资提供了良好的经营环境；最后，城市治理模式的变革改进了政府和民营资本之间的关系，民营资本的创立和发展环境不断优化。在当前流动性过剩和就业形势紧张的背景下，激活民间投资和开启就业新领域，具有重要意义（史璐，2010）。

在城市发展初期，多数遵循粗放式的经济发展方式，以资源为导向，而智慧城市发展必然加速人力资源的积聚与优化，以技术为导向、以人才为导向、以知识为导向，为经济发展注入新的动力，形成集约、高效的经济发展方式，突破城市发展的极限（张陶钧，2015）。

2. 服务价值

公共服务供给是智慧城市建设的重要内容。智慧城市的最终目标就是为城市居民提供优质的公共产品和服务，提高城市管理效能。智慧城市建设将有效地提升城市政府的公共服务质量和社会治理水平（张毅、陈友福和杨凯瑞，2012）。

（1）智慧的服务内容、服务方式和服务主体将提高公共服务质量。现代科技的发展，改变了人们的生活习惯，也改变了人们的思维方式。公众需求发生变化，是政府公共服务供给在内容、方式、主体等方面发生改变的关键动力及原因所在，而智慧服务为这种改革提供了可能（李国祥，2016）。

第一，在公共服务内容上，逐渐从政府自身提供的公共服务内容转向政府的一切行为都是履行社会公共服务职能，尤其是制定公共政策时社会公共服务职能的职责。

智慧决策的开展，可以使政府做出合理科学的公共决策。在过往的决策中，很多决策都是基于经验，在主要负责人的制度运行管理模式下，公共政策的制定与推行往往受到个人经历、喜好、能力特长、性格取向等方面的影响，由此出现"决策时拍脑子，做事时拍手掌，出事后拍屁股"的现象。而基于大数据、移动互联、物联网等在众多的信息基础上做出的智慧决策，能够最大程度地整合民意，力争在决策过程中做到有理有据，保障公共决策的正当性与合理性，从而实现公共政策的持续性。

第二，在公共服务的供给方式上，逐步从"窗口式公共服务"的施舍性服务供给模式发展为"云端公共服务"，即服务理念的扩张，使政府工作人员走出窗口坐到大厅，即使在大多数情况下，公众享受公共服务并不需要与政府工作人员直接接触。通过大数据、云计算、物联网、人工智能实现公共服务供给的智能化、预测化，从而由标准化供给向智能化供给转变，使政府在提供公共服务供给时由被动转变为主动，逐渐摆脱时间、空间的限制，将公共服务供给打造成一项无缝隙连接服务。与此同时，公共服务理念也发生转变。权力的去中心化会使政府在提供公共服务时逐渐失去绝对的主导权，转变为一项日常的服务供给工作。因此，公共服务云端化使公共服务的供给不再被更多的条件限制，公众与政府相关人员不再处于不对等关系甚至不需要面对面，这使得政府的权力寻租空间被技术工具不断压缩，政府公共服务行为成为幕后工作。整体性公共服务供给使政府成为一个整体呈现在公众面前，政府摆脱条块分割的弊端从而为公众提供整体性的服务。

第三，在公共服务的供给主体方面，智慧政府背景下的公共服务供给主体，将不再是单纯的政府行为，而是合作共治的多元主体行为，多方合作将成为公共服务供给的主要模式。

政府、市场组织、非政府组织、公民个人共同成为公共服务供给实施主体，任何一个单一组织都无力承担所有的智慧政府公共服务供给工作，政府的去中心化也由此而来。多方主体的合作行为，最关键的是捋顺各方的分工和相互之间的关系，各司其职。政府能做到最好的归政府，市场能做到最好的归市场，公共服务能否得到最好实现是主要的评价标准（李国祥，2016）。

（2）信息基础设施的泛在布局与普遍供给将促进公共服务均等化。新公共服务理论认为，政府要承担的角色主要是服务，而不是掌舵，公共利益是目标而非副产品。维护和增进公共利益是政府存在和发展的出发点和落脚点，政府在提供公共信息服务时要关注公共利益，而非部分人的利益，确保提供服务的公平性（杨正华，2015）。

均等化是基本公共服务体系的价值导向，受公共财政投入不足、基本公共服务供给模式单一等因素的综合影响，当前，中国不同收入水平的城市居民所享有的基本公共服务处于非均等状态。尽管智慧城市在短时期内难以完全消除这种基本公共服务非均等状态，但可以有效地提高城市低收入群体的基本公共服务水平。一方面，信息服务将成为一项基本的公共服务，智慧城市建设将大幅度提高信息基础设施的覆盖率和普及率，越来越多的城市居民将以更加低成本的方式接入网络空间，享有信息服务；另一方面，基本民生、公共事业、医疗卫生、公共安全等方面的公共服务，将借助信息服务平台提供给更多的城市居民（张毅、陈友福和杨凯瑞，2012）。例如，在智慧政府服务应用领域，湖北政府强化“隐患就是事故”的观念，推进建设隐患排查治理“两化”体系企业全覆盖、网格化管理区域全覆盖，促进安全生产。打造“七纵五横三环”高速公路网络，“四纵三横”的铁路运输体系，“一干四支”的航空体系，旨在把湖北建成全国公路、铁路、航运、空运中心，这实际是从扩充交通容纳程度来促进智慧交通建设，但并没有对既有的交通资源在技术上进行改革。成立湖北省智慧医疗健康产业基地，打造千亿健康产业，大力发展智慧医疗及健康产业，形成健康管理与大数据平台、医疗服务及康复平台、医药类产品电子交易平台三大平台（李国祥，2016）。

因此，新一代互联网、大数据、云计算等信息技术的应用将会推动政府信息资源的公开与共享，这样不仅可以拓宽公众与政府之间的沟通渠道，也可促进网上事务处理、部门协同办理、网上统一查询等服务的实现。通过在线交互的方式可让公众直接参与各项政策的制定与执行、监督与评估，使民众真正的参政议政成为可能，这样有助于拓展各类个性化、专业化与多样化的政府服务，进一步提升政府服务社会的能力和水平，促进公共服务均等化（刘忠祥，2016）。

（3）城市事件和部件的精细化管理将有效应对具体城市问题。在快速城市化进程中，中国城市规模急剧扩张，城市结构日趋复杂，城市问题不断涌现，城市治理难度加大，城市管理的不足极大地影响了市民的正常生活，浪费了城市的公共资源。针对城市化进程中不断呈现的复杂问题，智慧城市依托物联网、云计算、网格化管理、系统集成等技术创新及相匹配的制度创新，实现对城市各要素和部件的数字化、网络化、可视化、智能化、精细化管理（张毅、陈友福和杨凯瑞，2012）。

随着城市信息化的发展，城市的摄像头、传感设备会实时产生海量数据，而城市公共部门的业务数据也是海量激增的，如不动产登记信息、企业登记注册信息、医院体检就医信息、老年人健康信息、车主违章信息、超市的购物和结账信息、旅行团数据、健身中心会员信息，等等。城市管理的每一个细节都会产生庞大的数据，城市海量数据就像血液一样遍布城市的各个领域，而这些数据又分散在政府相关部门的垂直业务系统中。由于系统条块分割、分散建设，缺乏高度整合的集成体系，呈现一个个信息孤岛，导致数据信息不能共享，降低了政府和城市效能。数据是智慧城市发展的基础，"互联网＋城市"必将是数据驱动的城市，基于数据分析的结果才更有利于政府制定政策和进行治理。目前，很多政府部门已经意识到单一的数据无法发挥最大效能，开始主动寻求解决方案，部门之间相互交换数据已经成为一种发展趋势。

通过构建城市"云数据中心和公共信息平台"，政府相关部门能够统筹推进城市规划、国土利用、城市管网、园林绿化、环境保护等市政基础设施管理的数字化和精准化，为城市规划提供强大的决策支持，增强城市规划的科学性和前瞻性。建立城市"跨部门智能协作运营平台"，以城市海量的信息资源为基础，通过全面的物联和高效共享，运用先进的智能化技术实现识别、预测和实时分析处理，促进分布在城市不同角落的海量数据实时顺畅流转、交换和共享，为参与城市治理的各级政府部门开展跨地区、跨部门、跨层级的信息共享和业务协同提供支撑服务。从而改进城市运行体制机制，打破信息孤岛，提升决策水平，降低人为管理因素，推动城市治理良性循环，提升城市资源利用效率，增强城市行动能力（梁丽，2016）。

（4）基于智慧平台的多类型治理机制将提升城市管理效能。王成金（2014）认为，与传统管理中政府运用权威进行单项控制为主不同，治理理论是一个上下互动的协调过程，强调多主体协同管理，管理主体以政府为主，其他公共组织、私人部门、公益组织，甚至公民个体是重要的参与主体。张毅、陈友福和杨凯瑞（2012）认为，城市治理是一项系统工程，不仅需要政府管理部门发挥其核心和引导作用，而且要积极引导城市居民和社会中介组织共同参与城市治理，形成多主体协同治理的新模式。因此，基于智慧平台的建设，能够协调城市中各主体之间的关系，形成多类型治理机制，提升城市管理效能。

首先，智慧城市将推动城市管理走向多主体协同的社会治理，城市管理者可以更加精准地掌握社会信息，对社会状况进行实时判断，对可能事件进行提前预判和前期介入，降低城市问题发生的概率和治理难度。例如，城市的智慧化管理系统能够及时感知突发性事件，并通过系统进行智能化的调控，迅速做出判断，对事件做出积极响应。智慧城市管理系统可以还通过学习能力，逐渐完善其处理应急性和突发性事件的能力（潘啸，2013）。

其次，智慧城市可为“整体政府”建设提供技术支持，通过整合行政机构、事务流程及信息系统，实现制度结构与管理技术的联结，从而提高政府管理的协同性、权力运行的透明度和社会诉求的回应性。例如，积极推动将大数据技术运用于政府在城市治理的全过程和各领域，可以选择医疗、金融、公交、气象、食品安全、防灾减灾等具有一定大数据基础的重点领域，开展示范工程建设。加大政府与企业的合作力及第三方机构对开放的政府数据进行开发，为市民提供专业化、个性化服务（梁丽，2016）。

再次，智慧城市将推动社会协同治理机制的形成，政府公共服务平台可为协同主体之间的信息资源共享提供有效渠道，构建政府与市民、企业及其他社会组织的协商对话机制，并为多主体协同运作下的各个环节的有效衔接提供技术支持。例如，通过建立跨系统、跨平台、跨数据结构的政府综合信息处理平台，依靠有线、无线一体化网络技术、统一通信技术、云计算、物联网等技术，把电子政务内网和电子政务外网、互联网、城市应急卫星通信网、集群通信网及4G等通信网络整合为一个庞大的网络资源池，打造政府信息化航母的巨系统。这样，将有力地促进政府组织结构的优化，改进政府的运行机制，减少政府内部一些重复性的程序和工作，提高政府效率，为政府信息资源共享及各主体交流协商提供有效渠道（王正攀、王植和刘柯妗，2015）。

最后，智慧城市将推动以城市社区为基础结构的城市管理模式的发展，智慧社区将组建高效能事务受理服务中心，推行扁平化社区组织管理，实现城市管理主体和客体之间更加及时准确的互动。例如，蒋俊杰（2014）认为在智慧社区模式下，各种虚拟社区将大规模发展，这将大大地扩展居民间的交往空间，降低居民间交往的成本，消除居民间的“陌生感”，为社区中建立相互关爱、守望相助、平等交流、民主协商的共同体提供跨越地理空间的平台。并且，智慧社区公共服务系统通过整合交通、养老、医疗、教育、环境、安防等功能，实现居民网上服务、网上咨询和网上办事，实时查询公共部门的办事进程等公共服务的智能化。智慧社区通过信息网络还可以把相互分割、互不衔接的部门整合起来，做到无缝隙对接，实现社区公共服务供给中的部门间横向和纵向的联动，破解政府管理“碎片化”的困境。

智慧政府是一种参与式的治理模式，借助物联网技术融合资源、信息和组织，通过整合、互动的方式建立起多主体协作式的多类型治理机制，构建一个可以实现信息共享、无缝连接与协同服务的综合管理服务平台和体系（严清清，2015）。

3. 民生价值

关于民生的概念，从政治角度看，孙中山先生认为，民生就是人民的生活，即社会的生存，国民的生计，群众的生命；从百姓角度看，民生指人们的日常需求；从政府角度看，其目标是使人们生活幸福安康（应江勇，2014）。城市是人口的聚集区，城市经济的繁荣发展、高质量的公共服务和高效的社会管理，可以为城市居民营造良好的工作和生活环境，提高人们的生活品质，实现人的全面发展，因此，智慧城市的民生价值在于重点关注城市人本发展（张毅、陈友福和杨凯瑞，2012）。

（1）智慧的生活环境和生活方式将提高市民的生活品质。技术进步的人文价值表现为它对人类的存在、发展、自由和解放的积极意义，智慧城市建设的民生价值表现为通过环境的优化与改善极大地改变人们的生活环境和生活方式，提高居民的生活品质。

首先，工业化的发展虽然促进了我国城市的发展，给人们带来物质财富，但也彻底改变了人们的生活方式。在生活的社会化、一体化、全球化等方面表现尤其突出，现代网络和社会分工为居民提供了各项服务，同时也带来了食品质量、人身安全和家政服务质量等问题，特别是食品质量问题很突出。并且，随着城市规模的扩大、流动人口的增加和物流系统的逐渐复杂，传统的质检部门和居委会共同管理的方式难以很好地发挥作用。智慧城市利用新的信息技术建立实时更新的智能化系统，实现城市的智能化管理，保障与实体系统相协调，进而实现现代城市宜居的目标（潘啸，2013）。

其次，科技发展使城市居民生活环境发生改变。智慧城市在网络系统之中构建一个与地理空间不同的虚拟空间，为市民提供跨越时间及空间障碍的虚拟生活模式，提高市民的生活品质，包括医疗、交通、家居等都可以得到极大改善。其中，智慧医疗协调利用有限的医疗资源，解决目前医疗资源配置失衡的问题，市民“看病难、看病贵”问题。智慧交通充分调度和利用城市有限的道路和停车位资源，确保城市道路的畅通，破解市民“出行难”问题；智能家居通过家庭网络将家居设备和信息化平台互联且统一管理，为市民创造一个舒适、便利、安全、节能和环保的家居生活环境（李健，2013）。

最后，在智慧城市中，信息要素主导了公共资源的配置，公共服务细致入微，切实解决了市民的生活问题。例如，目前我国面临的日益严峻的人口老龄化和“空巢”问题，在智慧城市打造的网络化和智能化的环境下将得到一定程度的缓解。再如就业问题，智慧城市的建设势必会创造一定的就业岗位，可以在一定程度上缓解就业难题（严清清，2015）。

此外，从苏州市信息化建设的诸多成果也可以看出，智慧城市的建设切实改善了城市居民的生活。2014 年，苏州市在地理信息化方面，建成“数字城管”“数字交通”等多个信息系统；在医疗卫生信息化方面，120 急救系统已与 110 接警系统并网运行，医疗一卡通工程也已上线操作；在社会保障信息化方面，社保基金中心已和全市 260 家定点医疗机构、药店及各区社保经办机构、市财政进行了实时联网，“五险合一”的社会保险管理系统也已投入运行，等等，这一系列信息化建设都切实关系到居民的现实生活（俞露，2014）。

智慧城市是以人为本的城市，其核心是运用创新科技手段服务于广大城市居民，让人民群众生活的更方便、更舒心、更幸福，实现居住舒适、交通便捷、生态健康、公共安全（张琳，2015）。

（2）智慧市民理念及智慧文教将促进人的全面发展。城市的发展不仅依赖于基础设施的建设，还越来越依赖于高学术水平、高创新型人才在知识创新和运用上的碰撞，市民不再是简单的被管理的对象，而是城市建设的积极参与者（宋雪纯，2015）。智慧城市借助物联网等新一代信息技术，使市民参与到城市的管理和运作的过程中，汇聚公众的智慧，在推动城市全面和谐发展的同时，塑造智慧市民的理念，推行智慧文教，进而促进人的全面发展。

首先，智慧城市不仅建立在物联网、云计算等新一代信息技术基础上，而且建立在“智慧市民”的理念假定上，即城市居民是“知识型”“创新型”“学习型”的劳动者，普遍具备智慧环境下的生存能力，能适应智慧生活方式。此外，智慧城市提倡“终身学习”“社会多元化”“创造性”等理念，主张构建学习型社会和学习型组织，关注人自身素质的提高和个人价值的实现。因此，无论从发展需要，还是从理念追求来看，智慧城市都将成为高等教育与智慧劳动力的集聚中心，智慧城市的要义是培养“智慧市民”，使人的全面个性化发展得到充分体现（张毅、陈友福和杨凯瑞，2012）。

其次，智慧市民培养目前主要集中在提供更为有效的教育途径、构建公共文化云服务平台、宣传终生学习理念等方面。肖应旭（2012）提出构建智慧教育体系需要打造高度共享的教育资源库、网络虚拟图书馆、远程网络教学平台等教育信息化系统平台，为社会全体公民提供公平的受教育机会，促进教学资源共享，完善公共文化信息服务体系，建设学习型社会。例如，台北市政府在智慧城市建设规划中鼓励在职员工的技能再培训，推出 E-Learning 学习网络平台，建置以实体教学为主、电子化在线网络平台为辅的培训体制，从而摆脱传统教学空间、时间的限制，营造自主、个性的辅助学习空间（张毅、陈友福和杨凯瑞，2012）。2014 年，苏州市在教育信息化方面，已建成苏州市教育门户网、苏州教育资源网等信息化平台（俞露，2014）。

智慧城市的民生价值在于重点关注城市中人本身的发展，致力于为城市居民打造优越的工作和生活环境，提高人们的生活品质，关注人们的长期发展。智慧的生活环境和生活方式能够提高家居生活的便利性、自适应性和舒适性，提高居民的生活品质，智慧市民的理念及智慧文教能够促进人的全面发展。在智慧城市中，居民属于知识型、创新型、学习型，他们应该具备智慧环境中生存的能力，能够终身学习，成为高素质居民和智慧劳动力。因此，在智慧城市中，人会得到全面且个性化的发展（韩天璞，2013）。

第二章　郑州大都市区“智慧一体化”的基本理念

一、城市群的相关理论

1. 城市群的概念

20世纪50年代，欧美学者提出城市群的概念，随着我国城市化进程的推进，城市群在我国得到了理论上的传播和实践上的发展。城市群是工业化和城镇化发展到高级阶段的产物，根据国内学者的研究及相关综述，城市群可以定义为：在特定区域范围内，以一个以上的特大城市为核心，由多个具有不同性质、类型和等级规模的城市为单元，依托立体的交通通信等基础设施所构建的经济联系紧密、空间组织紧凑、发展协同化的城市网络群体。

2. 城市群的功能

城市群的出现是区域内城市化发展的需要，通过群体化的组合形式来实现地域空间内各主体的共同增长。城市群具有以下功能：第一，资源集聚功能。城市群所构成的城市集合，可以在一定的区域内集聚各类生产要素并进行资源分布，实现生产要素流动的一体化。这不仅打破了原有的行政区域壁垒，加强了城市之间的合作竞争，也使城市之间能够优势互补，从而实现城市群整体实力的提升和可持续发展。第二，辐射带动能力。从城市群的内部构成来说，城市群本身就需要依托一个以上特大城市作为发展核心，从而带动内部的发展；从外部结构来看，城市群通过规模化的集结，产业升级、效益提升，技术创新能力增强，也必然对周边地区产生强大的带动作用。第三，整合发展功能。城市群的规模化和一体化可以克服单个城市在资源等方面的短板，在更大范围内调整资源配置，优化产业结构，实现 1+1 ＞ 2 的规模经济效应。

3. 城市群的特征

城市群的特征主要表现为以下三个方面：第一，内在有机性。城市群并不只是地理空间上的简单拼接，而是一种系统有机的城市组合体。城市群内的各个城市能够在规模化的连接中实现统筹规划、信息流通和资源共享。第二，层次多元性。城市群内各构成主体并不具有同质性，通常都是以特大城市为核心，辅以各个层次和规模的城市群落。城市群内包括了特大城市、大城市、中小城市，以及周边的城镇；而各个城市在人口、地理、生态、等级和城市化的进度等方面也呈现了多元化的分布状况，这种参差不齐的主体构成水平是城市群的基本特征。第三，客观连接性。城市群内各主体的连接之所以不是简单的地理拼接，而是有机整合，客观基础就在于城市群内的交通、通讯和地理特征满足并形成了这种集聚的可能性。

二、智慧城市相关理论

城市的建设标志着人类进入社会发展的高级阶段。作为人类的交易中心和聚集中心，城市是人类群居生活的高级形式。随着城市发展速度的加快，使得城市人口迅速增加、城市规模迅速扩大，城市作为区域经济和政治中心的地位也日益突出。与此同时，交通拥挤、城市管理低效率、环境监测体系不完善、教育资源不平衡等各种社会问题不断地涌现。虽然人民的生活水平在城市化进程中不断提升，但这些涌现出的社会问题制约着城市的可持续发展，需要采取措施来解决。全新的城市发展形式及智慧城市建设的核心是以大数据、云计算、大数据等为主的新一代信息技术。进行全面型智慧城市的建设，有助于解决城市发展中涌现的问题、提高城市信息管理水平、促进高精尖产业的快速发展。智慧城市在技术和管理层面具有合理性和可实施性，是人类社会发展的必然产物。

1. 智慧城市的内涵

智慧城市是 IBM 公司在提出“智慧地球”战略时的一个重要概念，它竭力将新一代的信息技术作为未来城市建设的手段，力求描绘出未来城市生活的美好蓝图。IBM 公司在其白皮书《智慧城市在中国》中将智慧城市定义为：为给人类社会创建更美好的城市生活，在智慧城市的建设过程中需要对各种主要运作信息进行分析和整合，并通过对这些信息的利用，实现包括环境保护等在内的各种需求进行自主反馈。不同的学者对智慧城市的界定有不同的意见，总体来看，对于智慧城市的深层理解主要有以下三个方面：

第一，互联网、计算机等信息通信技术是智慧城市的基础。刘淑华和李重照（2011）在研究中指出，信息通信技术是智慧化城市的有力支撑，需要通过全面连接和融合物联网与互联网系统整合城市运行的各项数据，实时监测城市系统的运行实现融合应用、广泛互联及实现全面感知。除此之外，云计算、物联网等信息技术也是进行智慧城市建设的主要手段，对分析和整合相关运作信息，进而推动产业进步和持续创新的社会管理有着不可替代的作用。此外，还有很多学者也认为智慧城市是通过综合运用新的科学技术，将大量的信息资源整合到一起，统筹各项城市系统，加强城市规划、建设和管理。（王益明等，2013；邹凯和包明林，2015；王红霞，2015）。

第二，"以人为本"是智慧城市的核心理念。智慧城市是城市发展的高级层次，它不是一种全新的城市发展形式，而是对传统城市发展模式的升级。智慧城市力图达到人类、自然资源和社会经济高度协调、可持续的发展阶段。不同于传统的城市发展，智慧型城市注重生产清洁、低碳经济，追求资源节约型、环境友好型的高效率经济增长。张云霞等（2001）提出人、物及城市系统的有效协作以各项信息的全方位联系为依托，也符合科学发展观的理念，为城市的可持续发展做出了巨大贡献。

第三，智慧城市建设过程具有复杂性。参与主体系统和城市运行系统是体现智慧城市复杂性的主要方面。运行系统主要包括公共安全、交通、政府治理等，要想形成集约式的管理，需要通过创建一定的协同机制进行实时的反馈和科学的指挥决策。政府、企业及媒体等相关主题是主体系统的主要部分，由于各方主体均有不同的利益诉求，政府管理仍存在一些不合适的问题，因此，其共同发展很难得到有效推动。为鼓励各方积极参与到公共战略规划的制定等环节中，需要建立有效的激励机制。

智慧城市的主要特征是全方位感知、广泛的互通互联、应用的智能融合及可持续创新。

第一，全方位感知。通过运用传感系统，对城市体系运行的各方面进行全面的感测。智慧城市利用各类感知工具和智能化设备，对城市运行中的各项数据进行整合分析，进而实现对业务中各项流程的有效集成，完成自主反馈，促进城市系统内部高速有效地进行。

第二，广泛的互通互联。城市在发展过程中所需的各项应用在信息技术快速发展的今天得到了有效保障，新一代信息技术在智慧城市发展过程中的普及，使得智慧城市作为智能系统的数据获取、信息整合、及时回应的能力得到极大地提升。

第三，应用的智能融合。智慧城市运行系统的各项能力、尤其是支持决策能力，在有大量数据的分析与整合，以及物联网、云计算等为依托的智能融合技术实现的情况下得到有效提升。各项信息技术在云计算等物联网技术融合发展的推动下实现有效结合，应用的智能融合在智慧城市建设中的作用进一步加强。

第四，可持续创新。在智慧城市的建设过程中以人为本、市民参与及各项价值的塑造应成为关注重点。通过微博、Fab Lab 等工具和方法的应用提高用户的参与力度、对公众智慧进行有效聚集，从而进一步推动开放创新、大众创新等，进而实现经济社会的可持续发展。

2. 智慧城市的逻辑架构

智慧城市的逻辑架构包括感知层、网络层、平台层和应用层。除网络层技术外，各层大多没有公认的行业标准，建设水平相对落后，各项核心技术的发展与发展相对成熟的国家相比仍有较大的差距。其中，应用层作为智慧城市区别于数字城市最主要的特征，在智慧城市建设中起了较大的作用，由城市运营管理服务中心对经由网络层、平台层传输到云计算数据中心的数据进行相关计算和协同服务，因此，我国现阶段的首要目标是完成对各项关键技术的建设与开发。

感知层是信息获取层，利用传感器、摄像头等网络技术实现各项数据的及时采集和分析并传输到网络层是其首要任务，同时也要负责各项信息向基础信息设备的反馈，因此，感知层也是综合平台的基础。

网络层的主要任务是为数字城市建设信息基础设施。以先进的网络技术为基础，为各参与主体提供其所需的服务，并通过网络接入增加业务范围。比如，在数字通信平台上集成城市调度网络，构建数字集群通信体制，为城管部门提供诸如行政执法、应对突发事件及环境保护等多种智慧化服务，为企业提供诸如采购生产、车辆实时调度及物流配送等市场化服务。

平台层在智慧城市建设系统中处于核心地位，其建设情况直接关系到整个系统的优劣。为达到最大化的资源利用率、最高的集约化程度，平台层借助虚拟存储、负载均衡及平行计算等先进技术根据各项应用系统的不同需求和负载能力，将有限的存储和计算资源进行合理的分配。

应用层包括面向政府、企业、公众及区域的多种智慧化应用。面向政府的智慧化应用包括城市安全、管理、服务等各职能部门的日常办公系统；面向企业的智慧化应用包括人事、财务、采购、生产、生产等；面向社会大众的智慧化应用包括智慧政务等应用系统；面向区域的智慧化应用包括环保管理、教育管理及旅游管理等一些专向应用。在拥有庞大的数据库、应用平台及服务平台的基础上，这些智慧化应用的建立为城市的经济发展及城市居民的生活提供了巨大帮助。

3. 智慧城市的发展现状

我国智慧城市的发展现状主要可以从建设主体、业务应用和信息技术三个方面进行分析。

第一，建设主体。在我国，智慧城市建设一般由政府主导。目前，在智慧城市建设方面，国家及地方政府相继制定了相关建设计划。2011 年，国家住房和城乡建设部、工业和信息化部及国家测绘地理信息局颁布了支持智慧城市建设与发展的政策。据相关资料统计，国家工业和信息化部已经颁布了十多个与智慧城市建设发展相关的政策法规。在地方层面，各省市政府部门在智慧城市建设发展过程中起主导作用。首先，各省市政府评判现有信息化建设情况，其次，根据信息化程度提出相应的建设方案。最近，国内诸如北京、南京、上海、深圳等城市颁布了智慧城市建设发展的规章制度、具体实施方案或行动计划，例如，《南京市“十二五”智慧城市发展规划》《深圳智慧城市发展规划纲要》《宁波市委市政府关于建设智慧城市的决定》等。

第二，业务应用。我国在智慧城市建设过程中，智慧应用包含的内容十分丰富。例如，北京的智慧化建设内容主要包括市民生活、城市管理、企业运营、共用平台、基础设施及应用对接产业六个方面。其中，市民生活需要达到数字化，如发放“市民卡”、建立个人电子病历或者健康档案及提供“一站式”网络服务；城市的运营管理要实现智能化，如进行城市人口、交通、资源及环境的智能监控与管理；实现平台应用的智慧化，如构建社会公共服务与政务服务平台；提高基础设施建设的信息化水平，如充分运用新一代信息技术建立无线城市；实现应用与产业的成功对接，如建立企业、社区、园区示范点及用户体验中心，使现有应用有效对接产业发展。

第三，信息技术。智慧城市建设与发展的基础是要有高水平的基础设施，即要充分运用物联网、云计算、大数据等信息技术，完成城市整体的全面感知、深度融合及广泛互连互通。作为“感知中国”中心的江苏无锡，已逐步形成了产业聚集区，传感器、智能计算、软件和信息服务业等核心产业均具有良好的发展基础。

三、城市群的“智慧一体化”

智慧城市是城市化的高级阶段，同理，智慧城市群是城市群的进一步发展。具体而言，智慧城市群是城市群在智慧化建设过程中，运用智慧技术更加有效地促进城市群协调发展，实现城市群更大程度上的一体化，以更好、更高效地达到城市群建设的目标。

1. 智慧城市群的内涵

智慧城市群是在城市群发展的实践中注入智慧城市的理念，通过人文理念的导向和智能手段的覆盖进一步推动城市化进程。在这一点上，智慧城市与城市群是互为需要、紧密相关的。从理论角度看，智慧城市与城市群具有内在一致性。智慧城市所倡导的信息与资源共享、城市的一体化发展等相关理念和城市群内涵中的要素集聚、功能整合、有机联系是相通的。从实践角度看，智慧城市与城市群都是城市化发展进入到高级阶段的产物，两者都旨在推动城市发展进程。因此，智慧城市群的发展策略是，借助城市群内各个城市的基础设施与连接通道，将信息通信技术应用到城市运转和发展的方方面面，通过智慧的感知、处理和决策，实现城市群内的高科技一体化协同发展。

2. 智慧城市群发展的协同性

智慧城市的建设已经在国内风靡多时，然而现状表明，由于单型的智慧城市规划与建设，只能解决局部问题，必然导致城市片面发展，这是当今很多智慧城市建设频现问题和危机的根源（陈希，2015）。智慧城市与城市群发展相结合，最关键的问题就是发展的协同性。

智慧城市群发展的协同性包括内外两个层次。第一个层次是城市群内部每个城市在建设智慧城市中各系统的协同性。智慧城市需要整合城市的基础设施、信息技术、市政管理和居民需求等关键组件，在涉及城市发展的主要功能方面实现智慧化的覆盖并提供解决方案，包括智慧的公共服务、智慧的交通、智慧的政务、智慧的水、智慧的能源等。智慧城市各系统之间是以协同的方式互相衔接的，是从整合和互联的整体角度来优化城市管理的。第二个层次是智慧城市群建设过程中各个城市之间的协同性。组成城市群的各个城市在人口、地理、资源、产业布局等方面呈现多层次多维度的差异性，智慧城市群的发展就是要在关注这些差异性的基础上，通过协同发展来实现群内生产要素的整合和资源配置的优化，以实现城市群的优势互补和可持续发展。因此，智慧城市群的发展必然会强调各个城市不同的智慧建设侧重点，针对这些不同的智慧特色还需要形成良好的分工与合作。

四、郑州大都市区智慧城市群的基本目标

2015 年的《政府工作报告》强调了“一带一路”的区域开放与开发作用，明确提出了“互联网 +”行动计划，并首次将智慧城市建设问题纳入其中。“一带一路”倡议必须紧跟全球新一轮的信息技术革命浪潮，以信息化带动工业化、城镇化，以全面的信息覆盖和分析整合生产要素，以推动现代化进程和区域一体化发展。

郑州大都市区智慧城市群的建设目标是，以智慧城市建设的解决方案来实现中原城市群的发展，主要以互联网和数据平台为代表的新一代信息技术，依托完善的基础设施和通道，以郑州大都市区为主，统筹中原城市

群内的生产要素，实现产业升级、经济发展、社会治理、环境保护和民生改善。具体而言，就是通过智慧城市的治理理念，通过郑州大都市区的智慧城市群建设，帮助中原城市群实现结构优化、功能升级和资源整合。其中，结构优化包括产业结构优化、生态环境结构优化和空间结构优化；功能升级是指，在结构优化的基础上实现城市发展过程中的功能明确、分工合理及运转有序；资源整合是指要实现城市群内资源、设施、资金、人力等各生产要素的良性配置与优势互补。

五、郑州大都市区智慧城市群的协同发展

智慧城市群发展的协同性不仅包括每个城市内部在建设智慧城市中各个系统的协同性，还包括智慧城市群建设过程中城市之间的协同性。郑州大都市区智慧城市群的协同发展需要紧扣中原城市群的基础特征与发展现状，构建地域化的协同发展理念。

在中原城市群的发展特色和城市定位的基础上，可以初步构建郑州大都市区智慧城市群的协同发展框架。

第一，在协同发展的基础打造上，要智慧化地提升郑州大都市区的基础设施和通信技术的建设与利用。智慧城市是建立在对城市运行领域的各种基础设施和运转流程上的信息覆盖和智能分析，因此，一方面要完善中原城市群内的铁路、公路、航路和通信网络建设，除了主干道建设，还要注意辅助线路建设及线路之间的衔接，在中原城市群原有的“米”字形交通发展带、郑州航空港经济实验区的基础上形成网络化、立体化的通道布局；另一方面要建立完善、覆盖广泛的智慧传感、收集、分析和处理系统，将信息化和智能化应用在城市群的设施、管理和服务的流程中，实现陆空对接、多式联运、内捷外畅的立体通道流通和智能化、人性化的城市

管理与公共服务。

第二，在协同发展的空间结构上，要遵循“核心—轴带—结点—外围”的布局安排。通过对中原城市群内部的基础特征和发展现状的分析，可以勾勒出郑州大都市区智慧城市群的发展序列。总而言之，郑州作为核心城市，综合实力突出，要发挥龙头带动作用。郑州市、开封市、洛阳市的生产总值约占全省总产值的1/3，且产业集聚性明显，已经形成了郑汴洛工业走廊发展带；新乡市、郑州市、漯河市三市依托京广铁路沿线，初步形成了新郑漯产业发展带；郑汴洛与新郑漯两个发展区段可以成为智慧中原城市群建设的支撑轴带。此外，以郑州为代表的主网络结点城市，以新乡、洛阳、开封为代表的二级网络结点城市，以巩义市、新郑市、登封市、长葛市为代表的三级网络结点城市，发挥结点城市的智慧枢纽功能，组成了中原城市群立体的圈层网络。最后，在郑州大都市区的边界外围，与其接壤的商丘市、南阳市、信阳市、安阳市等地区也需要兼顾城市的改造与提升，才能形成郑州大都市区智慧城市群的联动发展。

第三，在协同发展的功能定位上，要实现中原城市群内生产要素的同质性集聚和异质性互补。协同发展强调的是在尊重个体差异性基础上的共赢。郑州大都市区智慧城市群的协同发展，一方面要将优势资源集聚，产生规模效应；另一方面要对各个城市的差异性资源统筹配置，实现优劣势互补。以城市群内产业分布情况为例，新乡、焦作和济源以第一产业为支柱；郑州市、开封市、许昌市、平顶山市、漯河市五市以第二产业为重；洛阳则适合发展第三产业，由此形成了“三二一”的产业梯度分布。郑州大都市区智慧城市群建设，可以依据这一产业分布情况，进行智慧化的产业信息整合、流程再造与结构升级。

第三章　河南省智慧城市建设调查概述

郑州大都市区地处河南中部，是中原城市群的核心，包括河南省多个地级市，其智慧城市发展程度受到河南省智慧城市建设整体情况的约束。因此，研究郑州大都市区的智慧一体化，必须对河南省智慧城市建设的具体情况进行全面调查。基于此，2016 年 9 月，经过充分的筹备，调研课题组正式成立。调研前期，课题组成员进行了智慧城市理论研究，并进行大量文献查阅及统计年鉴的数据资料收集工作，为后期实地调研访谈奠定基础。2017 年 3 月—2018 年 9 月，课题组进行了为期约 18 个月的实地调研工作，实地考察河南省多个县市，分别对政府部门、企事业单位、产业园区进行了走访调研，并对部分相关工作人员进行了深度访谈。

一、调研背景

随着智慧城市概念的不断深入，我国对智慧城市的关注焦点和建设程度也在不断发生改变。自 2012 年住房城乡建设部办公厅发布关于开展国家智慧城市试点工作的相关通知以来，我国积极开展智慧城市试点示范建设工作，先后公开 3 批试点城市名单，同时，国家发展改革委、工业和信息化部等部委对促进智慧城市健康发展提出指导意见。目前，我国智慧城市建设成效较为显著，《2018—2023 年中国智慧城市行业深度调研及投资前景预测报告》数据显示，截至 2016 年年底，国内 100% 的副省级以上城市、87% 的地级以上城市均提出了智慧城市计划，2017 年，我国智慧城市 IT 投资规模达 3752 亿元；到 2021 年，IT 投资规模预计将达到 12341 亿元。

河南省作为第一至第三批试点城市均涉及的省份，近年来在智慧城市建设的各个方面都取得了一定的成果。截至 2017 年年底，河南省已有 11 个国家智慧城市试点和 2 个专项试点，包括 2012 年首批试点城市鹤壁、漯河、济源、新郑、洛阳新区、郑州；2013 年第二批试点城市许昌、舞钢、灵宝及 2015 年的开封、南阳和洛阳新区、信阳浉河区专项试点。随着智慧城市建设工作的陆续开展，现阶段，河南省 18 个省辖市均提出了智慧城市建设目标，例如，2013 年 1 月，鹤壁市为全面落实国家智慧城市试点各项目标任务，特提出“智慧基础设施完善、智慧应用水平提升、智慧型经济效能彰显以及智慧鹤壁建设环境优化”的建设目标；2018 年 5 月，郑州市城市精细化管理和智慧城市建设座谈会上提出“要把城市管理、智慧城市建设摆在更加重要的位置，提升城市精细化、智慧化管理水平，从而加快郑州国家中心城市建设步伐”的建设目标等。部分城市还根据建设目标专门制定智慧城市总体发展规划（杨迅周，2016），例如，《智慧鹤壁》、郑州市城市精细化管理三年行动计划、《洛阳智慧城市发展规划（2014—2020 年）》

等。此外，为响应国家智慧城市战略、打造良好建设环境，河南省及各省辖市还颁布了相关扶持政策，如《河南省促进智慧城市健康发展工作方案（2015—2017 年）》、新郑市人民政府关于加快智慧城市建设的实施意见等。

根据中国社科院信息化研究中心发布的《第六届（2016）中国智慧城市发展水平评估报告》（以下简称《评估报告》）中的数据显示，在全国智慧城市发展水平评估总排名中，河南省试点城市无一进入前十名；在全国各区域智慧城市排名中，仅郑州、洛阳两地进入华中地区前十名。此外，报告还指出智慧城市建设水平整体呈现东部、中部、西部阶梯递减的格局，各省份发展力度不一。因此，从整体发展水平来看，河南省智慧城市建设仍有较大的发展进步空间。在此背景下，对河南省智慧城市建设情况进行全面调查，梳理十年来河南省智慧城市建设所取得典型成果，评价建设成效，发现存在的问题，总结成功的经验，并对河南省未来智慧城市发展方向做出优化设计，就成为促进本课题研究的根本动力。

二、调研目的

现阶段，各地区建设智慧城市的主要目的在于形成城市各系统运转的良性循环，以创造出一个更好的生活、工作、休息和娱乐的城市环境（史璐，2011），持续推进智慧城市建设有助于打造服务性政府、转变城市发展模式，以及促进城市新经济增长点的形成。因此，本课题组希望通过对河南省政府部门、企事业单位、产业园区，以及技术人员的走访调研和资料收集，以达到以下三个目的。

一是全面梳理河南省智慧城市建设的整体概况及智慧化应用现状。随着城市规模的扩大、经济的发展，智慧城市各个领域的智慧化应用越来越普及。通过对智慧城市建设概况和各领域智慧化应用现状的调研，可以掌握智慧城市的阶段发展情况、分析传统城市建设和智慧化城市建设的异同、剖析出信息化与城市建设工作之间的作用机制，从而创新政府和社会对城市管理的模式和方法，降低城市管理成本，提高管理效率。

二是探究河南省智慧城市发展存在的问题及原因。智慧城市建设需要持续的人力、物力、财力的投入，以及政府部门、社会各界的协调合作，河南省在智慧建设发展过程中仍面临着较多的挑战和难题，如存在顶层规划不完善、省级与市级之间的政策体系缺乏协调性、建设与研发资金不足、复合型人才较为匮乏、民生领域应用仍较为狭窄、市民参与度和感知度较低、各地区智慧城市建设水平不均衡等问题（杨迅周，2016）。对河南省智慧城市建设过程的问题及原因进行剖析，并提出针对性的建议，有助于转变传统城市化模式，以可持续发展为理念，实现城市精细化管理。

三是夯实郑州大都市区“智慧一体化”的设计基础。郑州大都市区地处河南省中部，是中原城市群的核心，包括河南省多个地市，其智慧城市发展程度受到河南省智慧城市建设整体情况的约束。研究郑州大都市区的智慧一体化，必须充分了解河南省智慧城市建设的具体情况。诚然，河南省智慧城市建设成效与北京、上海、杭州等先行地市，以及东部沿海地区相比差距甚大，但这些建设成效斐然的地区大多地位重要、经济发达、产业先进，具有无可比拟的政策优势、经济优势和产业优势。我国作为发展中国家，地区经济发展不平衡、产业发展不均衡、人口素质差异较大，绝大多数地区都难以获取上述城市的优势条件，其智慧城市建设也必然无法全盘复制其经验。而河南省地处我国中部，是人口第一大省，其省情最接近全国基本国情，在经济、产业、人口素质等方面“比东部不足而比西部有余”，相应的智慧城市建设亦比上不足比下有余，因此，河南省的智慧城市建设经验最接地气、最适合我国国情，而郑州大都市区“智慧一体化”的设计也最能被我国各城市群所借鉴。

三、调研对象

智慧城市建设标准是推动智慧城市有序健康发展的基本保障。城市建设主要是满足社会各类需求，从而形成一个安全、便捷、和谐、美满的生活家园。在智慧城市建设中主要表现为以人力资源、基础设施和资本投入为基础，建设产生各种应用平台，相应地对政府治理、民众生活、经济发展、自然环境产生重大影响，以实现对各类社会需要的响应，最终增强民众的安全感和幸福感。所以，智慧城市的产出成果主要包括智慧的政府治理、智慧的社会经济、智慧的居民生活及智慧的人文素养（杨凯瑞，2015）。其中，智慧的政府治理主要涵盖社会管理服务和公众参与；智慧的社会经济包括城市经济实力、智慧产业发展水平、企业信息化应用水平，以及研发能力与创新精神；智慧的居民生活表现为智慧教育、智慧医疗、智慧交通、智慧能源、智慧社区及智慧环境；智慧的人文素养则对应市民的科学文化素养、市民生活信息化水平及市民智慧生活感知（杨凯瑞，2015）。

在国家质检总局、国家标准化管理委员会联合发布的《国家新型智慧城市评价指标（2016 年版）》中，主要涉及新型城镇化、高端制造、交通管理、工业安全、农业服务、文物管理等方面，共提出惠民服务、精准治理、生态宜居、智能设施、信息资源、网络安全、改革创新和市民体验 8 个一级评价指标，以及政务服务、交通服务、社保服务、医疗服务、教育服务、就业服务、城市管理、智慧环保和市民体验调查等 21 个二级指标，这是截至目前我国开展智慧城市评价工作的主要依据，也是引导我国各地智慧城市健康发展的重要手段。因此，为深入了解河南省智慧城市建设总体情况，课题组在结合学者研究成果和国家智慧城市评价指标的基础上，根据河南省的现实情况，从智慧政务、智慧生活应用（智慧教育、智慧医疗、智慧交通、智慧环保、智慧农业）及智慧园区等领域出发，选取了在上述领域建设中，河南省具有代表性的政府部门、事业单位、企业、产业园区及部分技术人员，对其进行了实地调研和深度访谈。

四、调研内容

课题组在调研对象选取的基础上，分别从智慧政务、智慧教育、智慧医疗、智慧交通、智慧环保、智慧农业及智慧园区等领域入手，查阅相关统计年鉴，拟定访谈提纲，针对不同主体和领域制定了主要调研内容。

1. 智慧政务调研

针对智慧政务的调研，主要从政府部门基本情况调查、政府智慧政务建设概况、智慧化应用现状及发展过程中的难点四个方面进行实地调研和访谈。政府部门的基本情况调查内容如下：智慧政务项目所属部门、智慧政务负责人基本情况、智慧政务项目规划等。

政府智慧政务建设概况：公共服务平台建设、电子政务网络规模、电子政务平台建设及智慧政务项目的发展规划等。

智慧化应用现状：智慧政务建设与运营情况、对于新媒体利用情况、信息安全保障工作及信息基础设施建设程度等。对于发展过程中的难点，课题组主要就上级政府对此项目的政策扶持、资金支持情况及专业负责人员培训、学习情况等进行了访谈。

2. 智慧教育调研

针对智慧教育的调研，主要从智慧教育发展概况、智慧化应用现状及发展过程中的难点三个方面进行实地调研访谈，此外根据调研领域的不同，课题组酌情增加了其他话题的访谈。调研的主要内容如下：

智慧教育概况。①现有信息化基础设施情况，如宽带网络、光纤和多媒体教室覆盖率、教育资源公共服务平台和管理公共服务平台，以及网络学习空间建设情况；②数字教育资源建设情况，如在基础领域、中等职业教育领域，以及高等教育领域的网络课堂、教学资源库和精品课程推进情况和共享程度。

智慧教育应用现状。①利用网络平台或移动终端等新媒体开展信息化管理和服务的整体情况，如在办公系统、学籍管理系统、教务教学管理系统、财务管理信息系统、后勤管理信息系统、校园一卡通系统，以及数字图书馆系统等方面的应用；②教育资源智慧化建设情况，如微课、在线课堂和慕课等新型网络学习模式的普及程度，以及所提供学习功能的情况。对于智慧教育建设面临的挑战，课题组主要就建设过程中因建设资金、关键技术、领导重视程度、学校性质，以及政府支持等因素而面临发展困境的话题进行了访谈。

3. 智慧医疗调研

针对智慧医疗的调研，主要从智慧医疗发展概况、智慧化应用现状及发展过程中的难点三个方面进行实地调研、访谈。调研的主要内容如下：

智慧医疗概况。①现有医疗设备条件，如每万人拥有医疗机构数、每万人拥有的医疗床位数、每万人拥有执业（助理）医师数；②近年来，医疗卫生的投入；③智慧医疗应用总体实施情况；等等。

智慧医疗应用现状。①区域医疗卫生信息化平台建设情况；②远程医疗建设情况，如远程探视、远程会诊技术应用；③利用互联网平台、移动终端等新媒体开展医疗服务的情况，如电子病历推广应用程度及推广中遇到的难题、主要的挂号平台及网上预约挂号平台建设状况、电子健康档案建档率；④数据库建设情况，如药品目录数据库和医疗人员数据库建设情况。

智慧医疗发展面临的难题。①医院之间医疗资源和信息共享情况，以及信息共享建设过程中面临的困境；②信息化基础设施建设、政策支持、人才引进等方面遇到的难题；等等。

4. 智慧交通调研

对于智慧交通的调研，课题组主要从河南省交通发展概况、智慧化应用现状及发展面临的主要困境三个方面进行实地调研、访谈。此外，课题组还就智慧交通未来发展趋势、河南省智慧交通发展的区位优势等话题进行了访谈。调研的主要内容如下：

河南省交通概况。公路及高速公路里程数变化情况、铁路营业里程数，以及全省铁路网建设情况、航空飞行班次和里程数及开通飞行路线情况、汽车数量变化情况等。

交通智慧化应用现状。①智慧交通基础信息建设情况，如信息通信基础设施建设、河南交通云计算平台和数据中心建设、交通地理信息平台，以及信息共享平台建设；②智能公共交通服务体系建设情况，如利用互联网平台或移动终端购票、公交出行支付方式演变，以及网络监督、投诉、咨询服务水平；③智慧交通管理情况，如公路安全畅通与应急处置系统和公路建设与运输市场信用信息服务系统建设水平。

发展面临的主要困境。政府对智慧交通建设的支持情况如何、发展资金是否紧缺、顶层设计是否完善、智慧交通建设方面的关键技术是否已实现自主创新等。

5. 智慧环保调研

针对智慧环保的调研，课题组主要从河南省环境概况、智慧化应用现状及发展面临的挑战三个方面进行实地调研访谈。调研的主要内容如下：

环境概况。①水源环境，如水利环境质量（地表水、地下水、饮用水源地浓度等）及废水排放量；②大气环境，如空气优良天数、雾霾改善情况及工业二氧化硫排放量；③绿地建设，如城镇增容扩绿工程、森林面积及公园绿地面积变化；④环保监测与设备企业发展状况及环境污染治理资金投入水平。

环境保护智慧化应用现状。①空气智慧监测及治理情况，如空气质量监测是否实现 100% 自动化、空气监测站数量、主要空气治理措施（新技术除尘、汽车限号及污染监测设备等）的实施情况；②水源智慧监测及治理情况，如水质量监测自动化比率、“企业黑名单”制度及水源污染监测设备安装情况。对于发展面临的挑战，课题组主要就环保数据平台建设、获取与共享、环境监测与治理的精确度及行政执法方式进行了访谈。

6. 智慧农业调研

针对智慧农业的调研，课题组主要从河南省农业发展概况、智慧化应用现状及发展过程中的制约因素三个方面进行实地调研、访谈。此外，由于河南省是农业大省，课题组还就全省发展智慧农业的优势、特点等话题进行了访谈。调研的主要内容如下：

农业建设现状。①农作物种植情况，如主要农作物品种及规模、粮食种植面积及产量；②现代农业规模化、机械化生产情况，如机械化率、机械化面积、机械化设备使用情况；③物资消耗情况，如农药化肥、塑料薄膜、农用柴油；④政府政策补贴力度及资金投入等。

智慧农业发展概况。①利用互联网平台开展智慧农业情况，如农产品价格信息监测系统、综合信息服务平台；②科技手段应用情况，如测土配方施肥、病虫害绿色防控及高效节水灌溉技术；③物联网技术应用情况，如光照、温度传感器技术监测、大棚温控技术、遥感检测。此外，课题组还就目前智慧农业发展的制约因素，如人才、资金和技术需求及智慧农业未来发展趋势等话题进行了访谈。

7. 智慧园区调研

对智慧园区进行调研，也是以实地调研访谈的形式开展，在调研园区基本信息和发展概况的基础上，与园区主要负责人就园区智慧化建设现状、发展趋势、智慧园区发展的内部与外部环境，以及实现高标准智慧园区所需路径等话题进行了深度访谈。调研的主要内容如下：

园区基本情况。园区目前规模、空间结构、功能分区、战略定位、业务方向、人员构成、落户企业数量及产值、发展历程、投资建设模式和运营管理模式等。

园区智慧化建设现状。①园区信息化基础设施的建设情况，如有线光纤接入覆盖章及无线网络覆盖率、数据中心库和设备机房建设情况、以物联网为基础的智能服务系统；②园区网络服务平台建设情况，如园区的电子政务平台、公共服务平台建设情况，园区官方网站、客户端、公众号等运营管理情况，园区管委会通过互联网与个人、企业等互动情况及非涉密信息数据的公开程度等。

智慧化发展环境。政府对于智慧园区的政策支持力度、财政资金及社会资金投入等。

园区未来发展的思考。园区未来的重点发展方向，如信息化公共基础设施的建设方向、产业发展方向、人才引进方向、融资方向等；园区将如何结合国家重点发展战略提升自主能力，如国家“一带一路”倡议、大众创业万众创新等。

第四章　河南省智慧城市建设政策调研

智慧城市政策是由政府部门颁布的，包含智慧 / 信息化基础设施、智慧 / 电子政务、智慧 / 数字城管、智慧医疗、智慧交通、智慧旅游、智慧教育、智慧产业等促进智慧城市建设与发展的政策文本的总称（王法硕和钱慧，2017）。尽管有些政策并没有直接指明“智慧城市”，但其内容与城市信息化建设或智慧应用相关的政策文本仍属于本书的研究范围（黄璜和袁嘉炜，2014）。因而，本书所研究的河南省智慧城市政策是指河南省人大、省政府、省政府办公厅、科技厅、住建厅等省直属部门及全省 18 个地级市的市政府作为政策制定主体，为保障和促进智慧城市建设发展，以正式的书面形式颁布的各种地方性法规、规章和规范性文件的总称。

一、研究方法

本书主要采用政策文本分析法对某一领域的政策制定主体、政策主题、政策对象、政策形式等进行全面分析，从整体上分析、解释、预测该领域的政策取向和战略走向（王法硕和钱慧，2017）。首先，本书对文本内容进行解构、归类和比较，根据提取政策区分要素，设计了“河南省智慧城市政策文本结构化编码和分类体系”，包含3个一级区分要素和9个二级区分要素（包括基本信息、政策制定主体、政策内容等，具体见表4–1），对政策文本进行信息抽取。其次，由2位编码者分别按照本研究的政策文本结构化编码和分类体系同时进行独立编码、标注和分类，主要编码、标注和分类政策文本的关联主题词，确保本书的可信度。其中，关于发布单位层级的标注方法为：第一层级为省人大；第二层级为省委、省政府；第三层级为省委办公厅、省政府办公厅（含省政府工作报告）；第四层级为省直部门；第五层级为各地级市。关于关联主题词的标注方法为：遵循“双重关联”的原则进行标注，采取两个代表政策文本主要内容的核心关联词，提高关联性标注的准确性（王法硕和钱慧，2017）。最后，对河南省智慧城市政策文本的主题、主体、类型的分布等进行全面地分析、解释和预测，以期对河南省智慧城市政策的发展趋势、主要特征与现存问题获得新的认识，为政策制定者提供系统性参考建议，进一步推动河南省智慧城市建设的进程。

表 4-1 河南省智慧城市政策文本结构化编码和分类体系

一级区分要素	二级区分要素
基本信息	政策名称
	发文字号
	发布年份
	政策文种
政策制定主体	单独发布或牵头发布单位名称
	参与单位数量
	发布单位层级
政策内容	关联主题词 1
	关联主题词 2

二、样本选择

在政策文本的遴选过程中，课题组遵循“区域性”“公开性”“相关性”和“唯一性”四个原则（曾婧婧，2015）。“区域性”指制定政策文件的主体是河南省域内的政府部门，包括省人大常委会、省委、省政府、省直相关部门、各地市政府等；“公开性”指政策文本必须以公开发行或出版的方式对外公布，没有公开或者无法查阅的智慧城市政策文件不属于本书研究的范围；“相关性”指政策文本内容关乎智慧城市建设的各个方面，尽管有些文件没有直接指明“智慧城市”，但实质内容仍与智慧应用或城市信息化建设相关，均在本研究的范围之内；“唯一性”指对搜集到的政策文本进行查重处理和规范处理，对重复的样本进行比对和删除。

本书以河南省智慧城市政策为研究对象，在政策文本的选取上遵循了以下步骤：首先，利用日期查询、来源查询和单元查询三种方式在河南省域内各级政府门户网上的政策法规一栏查找与“智慧城市”主题相关的政策文件（Lu Xiaoli，Wu Chunyou 和 Donehoe H，2006）。由于“智慧城市”这一概念于 2008 年被提出，所以，本书将样本搜集的时间限定为 2008—

2017年，共搜集到政策文本有504份。然后，为保证主题的相关性与准确性，本书以“智慧城市”“智慧”“智能”“信息化”等关键词对504份政策文本进行进一步筛选，剔除新闻报道、政策解读、主题不符及重复的文本，得到141份文件。最后，考虑到政策搜集的过程中可能存在遗漏或者有些政策文本包含先前制定颁布的政策，课题组利用检索到的政策文本进行回溯检索，最终梳理出政策文本共149份，并运用前文所述的“河南省智慧城市政策文本结构化编码和分类体系”，对所得样本进行信息抽取。

三、河南省智慧城市政策类型化分析

类型化分析是根据调研项目特征的共同点和差异点，按照一定的标准将调查总体内所有的个体（资料）划为一些性质相同或相近的类别，分别归入某一层或组内，使之条理化、系统化的研究方法，具有一定的主观性（曾婧婧和胡锦绣，2014）。本书在相关学者研究的基础上（黄璜和袁嘉炜，2014；曾婧婧，2015），运用SPSS16.0，EXCEL等软件对搜集得到的149份政策文本从区域分布、文种类型、颁布年度与数量发展、主题关联性、权威主体及其发文数量五个维度进行数据统计分析，得到以下结果。

1. 政策文本的区域分布

根据政策文本的发布单位层级，对搜集到的149份政策文本按照政策颁布主体的归属区域进行划分，得出以下统计结果。

（1）全省政策文本数量呈现较大的差距性。表4–2显示了全省各地市的智慧城市政策文本制定颁布数量和占比。可以看出，2008—2017年河南省省级层面制定的智慧城市政策文本数为37份，约占政策文本总数的 24.83%，各地市制定颁布的政策文本数共 112 份，占政策文本总数的 75.17%，全省政策文本数平均为 8.28 份。但政策文本数高于全省平均数的地级市仅有 5 个（郑州市、许昌市、开封市、焦作市、濮阳市），其他 13 个地级市的政策文本数均低于全省平均数。政策文本制定颁布数量最多的是郑州市，达 17 份，而制定颁布政策文本数最少的是济源市、平顶山市和漯河市 3 个地级市，政策文本数仅为 1 份。

表 4-2 河南省各地市智慧城市政策文本数量分布

区域	省级	郑州市	许昌市	开封市	焦作市	濮阳市	商丘市	新乡市	鹤壁市	洛阳市
数量	37	17	13	11	9	9	7	7	7	6
占比	24.83%	11.41%	8.72%	7.38%	6.04%	6.04%	4.70%	4.70%	4.70%	4.03%
区域	周口市	安阳市	三门峡市	南阳市	信阳市	驻马店市	济源市	平顶山市	漯河市	总计
数量	6	5	4	3	3	2	1	1	1	149
占比	4.03%	3.36%	2.68%	2.01%	2.01%	1.34%	0.67%	0.67%	0.67%	100.00%

（2）各地级市政策文本分布呈现出一定的梯次性。由表 4-2 可知，全省各地级市制定颁布的智慧城市政策文本数共有 112 件，各地市政策文本数平均为 6.22 份，以此为标准可将各地级市划分为四个梯队（见表 4-3）。第一梯队城市的政策文本数量均大于 10 份，包括郑州市、许昌市和开封市 3 个地级市；第二梯队城市的政策文本数量低于 10 份，但高于各地级市平均数，包括焦作市、濮阳市、商丘市、新乡市和鹤壁市 5 个地级市；第三梯队城市的政策文本数量低于各地级市平均数，但超过该数值的一半（4 ～ 6 份），包括洛阳市、周口市、安阳市和三门峡市 4 个地级市；第四梯队城市的政策文本数量极少，不足各地市平均数的一半（1 ～ 3 份），包括南阳市、信阳市、驻马店市、平顶山市、漯河市和济源市 6 个地级市。

表 4-3 河南省智慧城市政策分布梯次

政策数量的阶梯分布	地市
第一梯队	郑州市、许昌市、开封市
第二梯队	焦作市、濮阳市、商丘市、新乡市、鹤壁市
第三梯队	洛阳市、周口市、安阳市、三门峡市
第四梯队	南阳市、信阳市、驻马店市、济源市、平顶山市、漯河市

政策文本的区域数量分布不仅体现出地方政府对智慧城市建设的重视程度，更能反映出当地的智慧城市建设状况，也与课题组实地调研情况较为符合。郑州市、开封市和许昌市 3 个地级市的智慧城市政策文本数量不仅位于全省第一梯队，也是河南省智慧城市建设成果最为突出的城市。郑州市是河南省会，是河南省第一个启动智慧城市建设的试点城市，在城市信息基础设施建设、智慧应用、高新产业聚集、高素质人才聚集等多个智慧城市核心要求上均领先于省内其他地级市。开封市则凭借区位优势，在“郑汴一体化”战略的带动下优先受到郑州市的辐射效应，以市政府提出的“光网工程”“云网工程”战略为核心，为智慧城市建设打下了良好基础，并被列为国家第三批智慧城市试点。许昌市入选国家住建部确定的第一批国家智慧城市建设试点城市，又于 2013 年被确定为河南省智慧城市建设试点城市，为许昌市的智慧城市建设提供了有效指导和保障，2014 年，许昌市又成立了智慧城市建设领导小组、信息化专家委员会和智慧城市建设技术筹备小组等专门性的智慧城市建设领导小组，统筹配置资源，形成工作合力，有效地推进了智慧城市的建设。

2. 政策文本的文种类型

通过对 149 项政策文本文种类型的统计和分析发现，2008—2017 年河南省智慧城市政策文种类型包括发展规划（发展计划、规划纲要、指导规划）、意见（建议、实施意见、指导意见）、方案（实施、工作、建设、推进方案等）、管理办法（试行）、通知、条例、目录（试行）7 大类（见表 4–4）。其中，对“通知”存在歧义，本书归类的“通知”是指用于发布指示、布置工作的指示性和告知性通知文件，不包括印发、传达某一政策文件的印转类通知。例如，河南省人民政府于 2017 年 2 月颁布的《关于印发河南省加快推进“互联网 + 政务服务”工作方案的通知》，这一文本的文种类型记为“工作方案”，而非“通知”。

表 4–4 河南省智慧城市政策文本文种类型

文种类型	发展规划	方案	意见	通知	管理办法	条例	目录	总计
文种数量	42	42	31	25	7	1	1	149
占比	28.19%	28.19%	20.81%	16.78%	4.70%	0.67%	0.67%	100.00%

从表 4–4 可以看出，河南省慧城市政策文本形式多样。在 149 项智慧城市政策文本中，“发展规划”和“方案”类政策文本最多、数量相同，“意见”和“通知”类政策文本数量次之，四类文本共占文本总量的 93.97%。其中，“发展规划”“方案”和“意见”类政策大多以制定发展规划、实施方案、工作计划、指导原则为主要内容，具有较强的宏观导向性，而“通知”类政策多以督促、指导落实工作要点为主要内容。相比之下，以“管理办法”“条例”和“目录”为主要形式的政策文本数量较少，仅有 9 项，而这三类政策内容较为具体，具有较强的约束力、实践操作性和指导性。由此可见，河南省智慧城市政策的制定较为灵活，宏观导向性政策较多，强制规范性政策较少，这也符合智慧城市作为新的理念在实践发展中需要逐步探索的特点，从而能够在政策制定和试行的过程中发现其存在的问题，并逐步修正完善。总体而言，这一政策流程基本符合公共政策过程，能够较好的指导、促进河南省智慧城市建设健康、快速发展。

3. 政策颁布年度与数量发展

2008 年以来，河南省颁布的智慧城市政策文本共计 149 项，全省和 18 个地级市的政策年度颁布数量和增长变化趋势如图 4–1 所示。通过对图 4–1 的观察可以发现，2008—2017 年，河南省全省和 18 个地级市的智慧城市政策年度颁布数量的发展趋势基本保持一致，起伏与拐点基本相同，大致可分为“萌芽”“波动”和“加速”三个阶段，呈现出逐步增长的总体趋势。

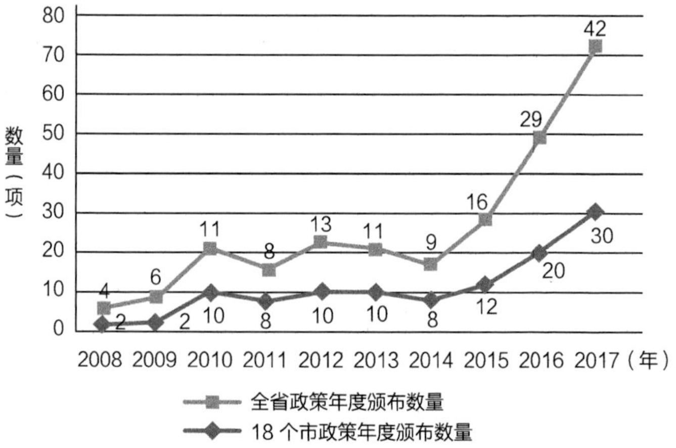

图 4–1　河南省智慧城市政策年度颁布数量和发展趋势图

（1）萌芽阶段。2008—2009 年是河南省智慧城市政策的萌芽阶段，颁布政策从最初的 4 项增加到 6 项。2008 年，IBM 公司刚提出“智慧城市”概念，部分 IT 公司便开始在各地宣传智慧城市理念和方案，由此，智慧城市开始在城市层面发酵（辜胜阻和王敏，2012）。在此时期，世界各地均处于对智慧城市的初步认识阶段，河南省亦不例外。因此，此时河南省公开或专门制定的智慧城市政策数量较少，变化较小，大多以电子政务、数字化城市管理、信息化建设与发展等与智慧城市基础内容相关的政策为主。

（2）波动阶段。2010—2014 年是河南省智慧城市政策的波动阶段，政策文本数量在 10 项上下波动，共计 52 项。在经历了初期的理解、认识和城市层面发酵之后，智慧城市受到了地方政府的广泛认可。2010 年，宁波市率先展开智慧城市建设，河南省部分地级市也随之推出了自己的智慧城市建设计划。在此时期，智慧城市逐渐成为地方政府城市建设工作重点，但仍未能上升为国家战略。因此，这个阶段的河南省智慧城市政策数量虽然相较于萌芽阶段有了增长，但也一直处于上下波动状态，未取得突破性发展。值得注意的是，2010 年和 2012 年是这个阶段的两个高峰期，其中，2010 年的河南省智慧城市政策文本首次突破 10 项，达到 11 项；2012 年的政策文本数量为 13 项，达到这个阶段的顶峰。然而，通过对当年的具体政策文本内容的分析可以发现，促成这两个高峰的原因也有所不同。

在经历了探索期之后，2010 年的河南省智慧城市政策首次达到高峰。虽然当时的政策文本仍以促进信息技术运用、指导智慧城市子系统建设为主（如《关于进一步加强电子政务工作的意见》《关于加快智能电网特色产业链建设的意见》等），但相较于之前的政策文本，首次出现了政府层面的智慧城市建设统一领导协调政策，即《关于成立数字郑州工程建设领导小组的通知》。这充分表明此时智慧城市建设逐步得到了地方政府的重视，一边在加大城市子系统信息化建设的同时，成立专门的领导工作小组，为全面推进智慧城市建设作好组织上的准备。因此，2010 年的河南省智慧城市政策数量有所突破，成为波动阶段的第一个高峰。

在经历了 2011 年的向下波动之后，2012 年的河南省智慧城市政策数量达到了这个阶段的顶峰。该年度的政策中除了部分促进信息技术运用和指导智慧城市子系统建设的政策之外，相较于往年最大的不同之处在于出现了大量促进“数字城市”建设的相关政策，如《关于确保濮阳市数字化城市管理顺利运行有关问题的通知》等。数字城市是智慧城市的雏形（许庆瑞，吴志岩和陈力田，2012），是信息技术在城市中的广泛运用和初步整合阶段。2012年年中，数字城市相关政策大量出现，一方面体现了地方政府对智慧城市的进一步认识；另一方面也是对国务院总理李克强在2011年全国数字城市建设工作会议上提出的“进一步加大力度推动数字城市建设”号召的响应。因此，2012年的河南省智慧城市政策数量取得了进一步发展，成为波动阶段的顶峰。

（3）加速阶段。2015—2017年是河南省智慧城市政策的加速阶段，政策文本数量逐年快速增加，总数达到87项。2014年，国家发展改革委、工信部、科技部等八部委经国务院批准联合下发了《关于促进智慧城市健康发展的指导意见》，标志着智慧城市建设成为我国推动新型城镇化建设、促进城市转型发展的重要国家战略。此后，智慧城市建设在全国受到了各地方政府更加积极的响应和重视，2015年的河南省智慧城市政策达到历史新高16项，是河南省响应国家智慧城市战略的表现。值得注意的是，2015年河南省人民政府办公厅颁布了《关于印发河南省促进智慧城市健康发展工作方案（2015—2017年）的通知》，这是首次在省级层面颁布指导智慧城市全面发展的政策，标志着智慧城市建设正式从地方各市自我发展，上升到省级层面的战略推动。此后的数年里，在国家层面上，不论是中央城市工作会议，还是国务院政府报告，多次的国家战略性工作会议都明确提出推动我国智慧城市建设，并制定、颁布了一系列智慧城市政策。因此，从2015年至今，河南省智慧城市政策的加速发展，不仅是河南省之前多年智慧城市实践积累的推动，更是对国家战略要求积极响应的表现。

4. 政策文本的主题关联性分析

智慧城市政策既包括针对智慧城市建设与发展的专门性政策，也包括散见于其他综合性政策中的相关规定。因此，为探讨政策文本的主题都涉及智慧城市建设的哪些方面，本书采取筛选两个代表政策文本主要内容的核心关联词的方法，基于研究者的经验对每项政策文本实行“双重关联”的原则进行标注（张镧，2013）。

经过反复、多次的标注实践，确定出 25 个高频主题词，并依照这 25 个高频主题词对政策文本关联性主题词进行校准。通过对 149 项政策文本的分析发现，有 27 项文本的核心内容可由 1 个关键主题词进行标注，122 项政策文本的核心内容可由 2 个关键主题词进行标注，最终 149 项政策文本确定了 271 个关键主题词。在这 271 个关键主题词中，有 263 个可用这 25 个高频主题词做出准确标注，另有 8 个关键主题词不在高频主题词可标注范围内，标注覆盖率达到 97% 以上。因而，可认为本研究的高频主题词的选择是比较准确的。

为进一步确定所收集的政策文本与智慧城市建设的关联度，本书将 25 个高频关联主题词分为四个层级。第一层级为核心政策，指直接作用于智慧城市建设与发展的政策措施，即智慧城市建设和智慧应用各方面的综合性政策、组建智慧 / 数字城市建设领导小组及设立智慧（旅游）城市试点等政策。第二层级为紧密关联政策，指与智慧城市建设发展紧密相连的政策措施，即综合性信息化建设、电子政务、大数据、互联网 + 政务服务、数字城市等政策。第三层级为一般关联政策，指对智慧城市建设发展有一定促进作用的政策措施，即综合性发展规划（计划 / 纲要）、互联网 + 行动计划（方案）、城市管理、自主创新、旅游产业等政策。第四层级为弱关联性政策，指其他不直接作用于智慧城市建设发展，但与智慧城市有一定关联的政策措施，即医改、政务公开、交通互联互通及服务业等方面的政策。

通过对关联性主题词的分层来确定其关联性强度，再根据关联性主题词的出现频率进行统计分析，可以得出核心关联政策、紧密关联政策、一般关联政策、弱关联政策的数量和比例，如表 4–5 所示。经统计，在河南省智慧城市政策的 263 个关键性关联主题词中，与智慧城市建设发展紧密关联的政策主题词占比最高，约为 45.63%；核心关联政策主题词次之，约为 36.88%；而一般关联政策主题词和弱关联政策主题词分别约占总量的 11.79% 和 5.70%。由此可以看出，河南省智慧城市政策主题整体分布较为合理，紧密和核心关联政策主题共占较高比例，达 82.51%，能有力地促进智慧城市建设。

表 4–5　河南省智慧城市政策关键性关联主题词关联强度比例

关联主题词层次	关键性关联主题词	主题词数量（个）	占比（%）
核心关联	智慧城市建设（综合）	21	7.98
	智慧应用（综合）	62	23.57
	领导小组（数字、智慧城市建设）	5	1.90
	智慧（旅游）城市试点	9	3.42
	合计	97	36.88
紧密关联	信息化建设（综合）	42	15.97
	电子政务	19	7.22
	大数据	5	1.90
	互联网 + 政务服务	9	3.42
	云计算	2	0.76
	数字化城市管理	11	4.18
	新兴产业	9	3.42

续表

关联主题词层次	关键性关联主题词	主题词数量（个）	占比（%）
紧密关联	数字城市	5	1.90
	数字地图	3	1.14
	基础设施建设	9	3.42
	智能制造（互联网 + 制造业）	2	0.76
	数字校园	4	1.52
	合计	120	45.63
一般关联	发展规划（计划 / 纲要）	19	7.22
	互联网 + 行动计划（方案）	5	1.90
	城市管理	3	1.14
	自主创新	2	0.76
	旅游产业	2	0.76
	合计	31	11.79
弱关联	医改	4	1.52
	政务公开	4	1.52
	交通互联互通	3	1.14
	服务业	4	1.52
	合计	15	5.70

5. 政策文本的权威主体及发文数量

本书所研究的智慧城市政策文本制定主体包括河南省级层面政府部门和各地级市政府。但考虑到地级市层面的城市发展政策多是对省级层面政策的配套和响应，且效力低于省级层面政策，另外，城市建设政策制定的政府间合作常发生于省级政府部门之间，省、市两级政府部门之间一般不会跨层级合作，不同地级市政府之间一般也不会跨区域合作。因此，本研究界定政策文本制定与颁布的权威主体为河南省级层面各政府部门，具体包括省人大、省委、省政府、省政府办公厅及各省直部门等。

通过对河南省智慧城市政策制定主体的梳理发现，省级层面制定的政策的文本数量共有 37 项，参与制定政策的权威主体共有 19 个，如表 4–6 所示。其中，省政府制定政策文本数量最多，为 18 项，占总数的 48.65%；省政府办公厅、省发改委制定政策文本数量次之，分别为 7 项和 6 项，共占总数的 35.14%；省委、省住建厅等 5 个部门各制定政策文本 2 项，各占总数的 5.41%；而省人大常委会、省教育厅、省民政厅等 10 个部门仅各出台了 1 项政策，各占总数的 2.7%。由此可以看出，河南省政府高度重视河南省的智慧城市建设，省政府办公厅和省发改委也进行了积极指导，而其他部门则需要加强对本省智慧城市建设的政策支持。

表 4–6　河南省级政府部门制定智慧城市政策数量

省级部门	河南省委	河南省人大常委会	河南省政府	河南省政府办公厅	河南省发改委	河南省工业和信息化委员会	河南省住建厅	河南省交通运输厅	河南省商务厅	河南省旅游局
制定数量（项）	2	1	18	7	6	3	2	2	2	2
占比（%）	5.41	2.70	48.65	18.92	16.22	8.11	5.41	5.41	5.41	5.41
省级部门	河南省网络安全和信息化领导小组办公室	河南省教育厅	河南省公安厅	河南省民政厅	河南省人力资源和社会保障厅	河南省国土资源厅	河南省环境保护厅	河南省卫生和计划生育委员会	河南省质量技术监督局	总计
制定数量（项）	1	1	1	1	1	1	1	1	1	37
占比（%）	2.70	2.70	2.70	2.70	2.70	2.70	2.70	2.70	2.70	

另外，通过对河南省级层面智慧城市政策文本梳理后还发现，大部分政策文本是由单独的权威主体制定颁布，占总数的 89.19%，只有 4 项政策文本是由多个权威主体联合制定颁布，仅占总数的 10.81%，如图 4–2 所

示。在多主体联合制定的政策中，只有 1 项政策的主题是有关促进智慧城市全面发展的，即由省委、省发改委、省教育厅等 15 个部门联合制定颁布的《关于组织开展新型智慧城市评价工作务实推动新型智慧城市健康快速发展的通知》；其他 3 项政策均是由 2 个部门联合制定颁布，有关共同推进某一领域智慧应用建设与发展的指导性文件。然而，智慧城市是一个极其复杂的系统，由多个智慧化的城市子系统相互联系共同构建而成，涉及领域广泛，需要多个政府部门间的协调合作。因此，多部门联合制定颁布智慧城市政策，对智慧城市建设作出全面的权威指导是必不可少的，这也是河南省智慧城市政策制定时需要更加重视的地方。

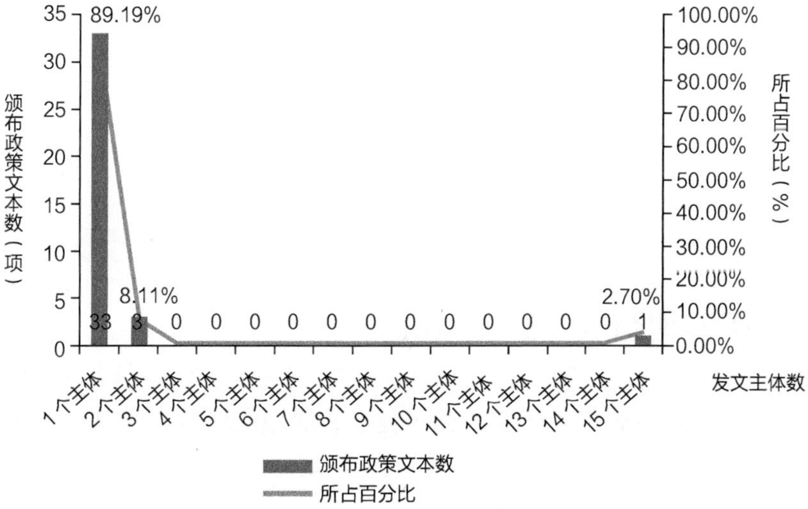

图 4.2 河南省智慧城市政策的颁布主体数量及相应文本数量

第五章　河南省智慧政务调研

一、河南省智慧政务建设概况

进行有关智慧政务的研究有助于促进政府职能转变、提高行政效率及提升服务质量。2016 年 9 月 29 日，国务院办公厅印发《国务院关于加快推进“互联网 + 政务服务”工作的指导意见》，为我国智慧政务的发展确定了指导思想、基本原则和工作目标。为响应国家号召，2017 年 2 月 22 日，河南省人民政府办公厅印发《河南省加快推进“互联网 + 政务服务”工作方案》，确定了河南省智慧政务建设的重点任务和组织实施方案，为全省智慧政务的发展进一步指明了方向。课题组经查阅相关文献及实地调研发现，目前全省智慧政务建设主要有以下三个特点：

一是省直城域网络初具规模。目前，河南省智慧政务内网纵向骨干网已实现中央、省、市、县的四级联网，横向连接多个省直部门，广域骨干传输网络已连接至18个省辖市，省直城域网络建设基本完成并得到较好应用，为全省各级、各部门的纵向业务系统应用提供了支撑。

二是智慧政务平台承载国家部委纵向应用逐步增加。目前，河南省大多数政府部门已接入智慧政务平台，如监察部、知识产权局等单位，实现了信息的适时交换和自动化查询，提高了联网单位的办公效率。

三是法规政策文件不断完善。近年来，为推进全省智慧政务整体建设水平，河南省相继出台了众多政策文件。例如，2004年6月，河南省政府出台《省委办公厅省政府办公厅关于转发〈河南省智慧政务建设领导小组关于全省智慧政务建设总体规划〉和〈河南省智慧政务建设领导小组关于全省智慧政务建设指导意见〉的通知》，规定了全省智慧政务平台建设的指导思想、基本原则和主要目标。2008年9月，河南省政府颁布《省委办公厅省政府办公厅转发省智慧政务建设领导小组关于〈2008—2010年河南省智慧政务建设指导意见〉和〈2008年河南省信息安全工作指导意见〉的通知》，提出全省智慧政务平台发展总体要求、建设原则和发展目标。2016年11月，河南省政府出台《河南省2016年信息化推进工作实施方案》，提出建设全省智慧政务平台的工作思路和重点任务。

此外，国家级层面的政策文件也为河南省智慧政务的建设提供了指导意见。例如，2016年9月，国务院印发《关于加快推进“互联网+政务服务”工作的指导意见》，为解决河南省互联网政务服务中存在的网上服务事项不全、信息共享程度低、办理率不高、企业和群众办事不便等问题提供了有效的依据。2017年1月，国务院出台《“互联网+政务服务”技术体系建设指南》，对河南省“互联网+政务服务”的工作加强顶层设计、完善标准规范，提出了更具体的要求。

二、河南省智慧政务建设的现状分析

1. 网站建设逐步完善

现阶段，河南省的市、县级政府网站建设初具规模。河南省拥有 18 个地级市、20 个县级市、88 个县及 50 个市辖区，共计 176 个市、县区级政府。目前，大多数政府部门都已建立官方政府网站，主要包括政府机构、人员构成、政务公开及政策法规等栏目，此外，部分网站也提供了在线办事、公众交流等服务栏目。从整体上看，河南省市、县级政府网站的建设和发展速度较快，网站内容也逐步充实，栏目分类较为规范，已初步形成了基层政府网站集群。

在 2017 年河南省政府办公厅组织开展的政府网站抽查活动中，共抽查政府网站 1430 个，不合格网站 355 个，合格率为 75.17%。其中，抽查省辖市政府网站 1192 个，不合格网站 304 个，合格率为 74.5%；抽查省直管县（市）政府网站 102 个，不合格网站 26 个，合格率为 74.51%；抽查省政府部门网站 125 个，不合格网站 25 个，合格率为 80%；抽查全省地税系统网站 11 个，合格率为 100%。从全省来看，濮阳市、安阳市、许昌市和长垣县、汝州市等地抽查合格率较高，邓州市、新蔡县等地抽查合格率不足 50%。此次调研对象为南乐县政府，在 2017 年河南省智慧政务平台的评比中脱颖而出，排名全省第三。因此，南乐县政府智慧政务平台的建设在河南省智慧政务平台的调研中具有一定的代表性。

2. 政务公开信息化逐步推进

河南省各级政府充分发挥网络监督作用，依托网络公开政务、监督政府，拓宽群众参与政务公开、行风政风评议、反腐倡廉的渠道，有效地推进了高效廉洁服务型政府建设。主要包括三项举措：

一是依托互联网平台公开政务信息。以河南省政府网站为例，河南省政府建立信息公开平台，全方位发布法规文件、人事信息、政府采购、重点项目等重大政务信息，以此提高政府行为透明度。2017 年省政府网站信息公开目录更新量为 3264 条，主要内容为最新政策、政策解读及人事信息。二是依托互联网平台征集意见建议。河南省政府网站采取公开征集群众意见的方式，在重大政策文件的决策和出台前，借助互联网平台吸纳民意民智，根据主流民意实现政策制定、方案修改及决策出台的全过程，广泛吸纳了群众在城市管理、交通秩序整治、行风评议等方面的意见建议，提升了政府决策的科学性和民主性。2017 年，河南省政府网站实施 3 期意见征集期，共收到 393162 条意见。三是依托互联网平台加强行政行为监督。河南省政府在政府网站发动网民参与党风、政风、行风监督评议活动，及时受理和查处网上反映的问题，从而实现认真核查、依法依规处理的建设目标。

3. 网络安全治理逐步加强

信息安全工作一直是政府工作的重点。习近平总书记在中央网络安全和信息化领导小组第一次会议中强调，网络安全和信息化是一体之两翼、驱动之双轮，必须进行统一谋划、统一部署、统一推进和统一实施。因此，智慧政务系统作为我国关键信息基础设施的核心，把本质安全理念和方法贯穿于智慧政务系统自身及安全保障体系的设计、建设与运营的全过程中，是全面落实国家网络安全的必然要求。2008 年 10 月 1 日，《河南省信息化条例》正式施行，为河南省信息化建设和智慧政务健康发展奠定了法制基础。

目前，河南省网络安全治理能力逐步提升。一是按照国家信息安全等级保护制度要求，河南省强化网络信息安全管理，明确各级网上政务服务平台及接入系统的安全责任、安全边界，开展等级保护定级备案、等级评测等工作，建立信息安全防范、监测、通报、响应和处置机制。二是完善信息共享、业务协同的互信认证和授权管理机制，采用成熟可靠的技术手段，实现数据信息的安全隔离和可控交换。三是建立健全保密审查制度，加大对涉及国家秘密、商业秘密、个人隐私等重要数据的保护力度，形成保护有力、权责明晰、响应迅速、有责必究的网上政务服务平台安全防护体系。

4. 信息资源开发利用逐步推进

有效地利用、开发信息资源能够为智慧城市信息化建设提供基本条件。目前，河南省各级政府正积极推进信息资源开发利用，多个领域的信息开发均取得良好成效。现阶段，河南省在科技、文化、人口计生、广电、公安和教育等领域信息资源的开发利用程度较高，信息服务水平明显提高，同时，宏观经济、人口、企业、自然资源和空间地理等领域的基础数据库建设正稳步推进，为信息资源储备提供保障。以调研对象南乐县政府为例，南乐县政府网站所发布的内容均由各级部门统一发送，经过工作人员的仔细筛选，将有效信息发布到网站上，目前该政府网站正在进一步扩大信息来源，确保发布的信息全面化、准确化。

三、河南省智慧政务建设存在的问题分析

1. 信息化建设水平有待提高

（1）信息孤岛现象仍然存在。虽有一些市级政府与省智慧政务平台对接，但部分对接的网络仅是市政府所在核心区域的一个局域网，并未对市属部门、所辖区县形成完全覆盖。组网设备也不能满足国家智慧政务平台的技术路线要求。在对南乐县政府的调研中发现，智慧政务平台现阶段仍存在信息孤岛的现象，且在短时间内无法完全解决这一问题。

（2）部分网站栏目建设流于形式。通过实地调研和数据搜集，课题组发现政府网站栏目存在空白、未及时更新等问题。如 2017 年第三季度全省政府网站抽查的结果显示，发现问题的 154 个网站中，出现“空白栏目超过 5 个”问题的网站有 48 个，占 31%；出现“首页栏目 2 周无更新”问题的网站 35 个，占 23%；出现“死链接、栏目未更新、互动回应差等”问题的网站 31 个，占 20%。2017 年第四季度全省政府网站抽查的结果显示，包括郑州市管城回族自治区政府在内的 40 个网站都存在“空白栏目超过 5 个”的问题。

2. 互联网技术人才匮乏

目前，河南省智慧政务平台建设缺乏专业性人才，导致部分网站存在安全隐患。2017 年第三季度全省政府网站抽查的结果显示，洛阳市发展改革委、老城区政府、西工区政府，安阳市法制办、濮阳市清丰文化网、周口经济开发区等单位官方网站出现赌博、博彩信息等网页链接；鹿邑县国土资源局门户网、孟津县统计局网站、信阳人防信息网等网站出现色情链接。在 2017 年第四季度全省政府网站抽查中，开封市、洛阳市、安阳市、

平顶山市、新蔡县等诸多政府网站出现问题链接或网站被篡改，网站安全管理存在隐患。以南乐县政府为例，该县在网站管理人员配备方面与省、市级政府相比有不足之处。全县政府人员仅30余人，在网络技术人才方面甚为短缺。若有黑客侵入政府网站，可能会导致群众隐私和政府机密文件的泄露，在“两会”甚至是大的活动期间亦会出现网络瘫痪、网页篡改或网页不良广告的发布等问题。

3. 政务信息化建设观念薄弱

部分政府管理人员未对电子政务建设和应用的重要性形成共识，整体推进氛围不浓。在实地调研中发现，部分领导对电子政务促进行政管理体制改革和建设服务型政府的作用认识不足，还未把电子政务放在重要议事中，研究部署工作力度不够，导致全省电子政务顶层规划不完善，电子政务整体发展水平不能满足社会管理和公共服务需求。此外，一些地区和部门受经济条件、社会发展环境、政府重视程度等因素制约，使得建设资金投入不足，区域间电子政务发展不平衡，部门间电子政务应用差距大。

4. 监督体系不完善

从政府监督来看，政府内部组织机构不明确，岗位职责不清，日常管理制度不完善，使得各方面监管力度较弱。如河南省人民政府办公厅颁布的《关于2017年第四季度全省政府网站抽查情况的通报》中提出，“目前部分单位日常监管不到位。鹤壁市国土资源局等29个网站存在首页2周内未更新的问题，洛阳市质量技术监督局等15个网站存在站点不可访问的问题，这都反映出政府网站尚未建立日常读网和监管机制”。此次实地调研发现，南乐县政府并未设立相应的监管部门，日常监督体系也未建立，监督工作仍由上传信息的三位管理者负责完成。

从社会监督来看，群众对智慧政务平台了解程度较浅，没有形成监督意识，使得河南省智慧政务平台监管乏力。以南乐县政府为例，部分南乐县群众知道智慧政务平台的运行并使用智慧政务平台办事，但仍有小部分人不知道智慧政务平台的存在及运行模式，且并未对智慧政务平台的运行和管理进行监督或提出建议。

第六章　河南省智慧教育调研

一、河南省智慧教育建设概况

近年来，随着人们对智慧城市的关注，智慧教育也成为教育界研究的热点内容。智慧教育是传统教育在信息化时代背景下的创新，智慧教育对传统教育的发展意义重大。河南省自从建设智慧教育，教育模式发生了极大的改变。课题组通过查阅文献资料和实地调研，来了解河南省智慧教育建设取得的成果。

1. 智慧教育发展历程

河南省智慧教育发展经历了一个从宽泛推广到精准研发的过程。在

"十二五"期间，2012年第一次全国教育信息化工作会议召开之后，河南省开始全面推进信息技术与教育教学的深度融合。

2012年，河南省教育厅印发《河南省教育信息化十年发展规划（2011—2020年）》，系统地规划了河南省未来十年的信息化建设目标、原则、措施等。为贯彻落实《教育信息化十年发展规划》，结合全省的实际情况，2013年河南省教育厅就进一步加强全省基础教育信息化工作，提出以下工作重点：（1）多形式推动宽带接入；（2）加快多媒体教室建设；（3）加强资源平台建设；（4）加大培训力度，提高教师教育技术应用能力和水平。

经过两年的实施，河南省教育信息化状况有了一定的改善。2015年，河南省教育厅提出工作重点：（1）推进教育信息化基础设施建设；（2）扩大优质教育资源覆盖面；（3）加快网络学习空间建设与应用；（4）着力构建教育管理信息化支撑服务体系；（5）加大教育信息化培训力度。经过两年的发展，2017年，为深入贯彻落实教育部《教育信息化"十三五"规划》和全省教育信息化工作推进会精神，河南省教育厅提出当前工作重点：（1）加强教育信息化工作统筹；（2）全面提高基础教育信息化水平；（3）加快中等职业学校数字校园标准化建设；（4）加强高等教育优质资源建设与应用，提高高校智慧校园建设水平；（5）推进教育信息化公共服务体系建设；（6）开展教育信息化试点示范；（7）开展教育信息化专项培训。

2. 智慧教育取得的成就

发展教育信息化，既是应对时代挑战的必然选择，也是破解教育发展不均衡、促进教育公平、提高教育质量的最佳结合点和着力点。"十二五"期间，河南省教育信息化成绩显著，主要具有以下三个特点：

一是信息化基础设施大幅改善。截至2016年6月底，全省78%的中小学接入了宽带网络，72% 的学校建设有多媒体教室；全省高校围绕智慧校园、教育大数据和网络学习空间，积极建设面向个人、部门和学校的数据服务平台。

二是“两平台”建设成效显著。所谓“两平台”就是基础教育资源公共服务平台和教育管理公共服务平台。截至 2016 年底，省基础教育资源公共服务平台注册用户已达到 100 万，资源总量超过 20T，内容涵盖主流教材版本及主要学科，在支撑资源共享、网络教学、空间应用方面发挥了重要作用；省教育管理公共服务平台建设稳步推进，在学生资助、营养改善计划等方面发挥重要作用。

三是优质数字教育资源覆盖面不断扩大。在基础教育领域，市县积极推进“名师课堂”“名校网络课堂”建设；在中等职业教育领域，建立了规模可观的校本教学资源库和数字化模拟实训系统；在高等教育领域，已建成国家级精品开放课程 91 门、省级精品开放课程 346 门，初步实现了高校资源的开放共享。

二、河南省智慧教育建设的现状分析

智慧教育是教育信息化的高端形态，是一种由学校、区域或国家提供的高学习体验、高内容适配性和高教学效率的教育行为，它能利用现代科学技术为学生、教师和家长等提供一系列差异化的支持和按需服务，能全面采集并利用参与者群体的状态数据和教育教学过程数据来促进公平、持续改进绩效并推动教育的卓越发展（黄荣怀，2014）。本课题组主要从教育信息化基础设施建设、教育管理智慧化建设、教育资源智慧化建设着手描述河南省智慧教育的现状。

1. 教育信息化基础设施建设

作为全省教育系统骨干网络，河南省教育科研计算机网（简称 HERNET）于 2001 年开通，2010 年已覆盖全省 18 个省辖市。其中，接入 104 个单位，主干网络宽带 2.5G，光纤总里程近 3000 公里，网络用户 140 余万，在支撑网上招生、远程教育、数字化校园建设、优质教育资源共建共享等方面发挥重要作用。

据河南省教育厅网站数据，2012 年经过“数字化校园示范工程”“班班通工程”等一系列项目建设，河南省高校现已全部完成数字化校园建设，基础类、中等职业类学校的网络接入率不断提升，多媒体教室和信息化学习终端覆盖率快速增加。据调研数据可知，河南财经政法大学早已实现多媒体教室全覆盖。2010—2015 年，学校总出口逐步发展至 14.2G，目前已实现校园网室内 100% 全覆盖，所有学校机房内电脑有 3000 台左右，使用率达 100%。

2. 教育管理信息化建设

作为全国“数字化校园示范工程”启动较早的省份，河南省于 2012 年已基本实现教学、管理、科研、生活的信息化。全省各级教育行政部门和高校已全部建立办公自动化系统、学籍管理系统、教务教学管理系统、财务管理信息系统、后勤管理信息系统、校园一卡通系统、数字图书馆系统等信息化管理服务系统。

河南财经政法大学作为首批河南省智慧校园建设试点高校之一，在竞标试点院校时，以全省第一的优秀成绩拿下试点名额。以河南财经政法大学为例，2005 年，河南财经学院（现河南财经政法大学）通过隧道方式连通 IPv6，并建立 IPv6 镜像网站，被河南省教育厅评为数字化校园示范单位；

2007 年，河南财经学院进行网络升级改造，实现双核心；2008 年，河南财经学院购置 SSL、VPN 设备供校外访问图书馆资源。科研管理系统、学工系统、迎新系统、离校管理系统、协同办公系统、就业与人力资源管理系统、个人服务中心等系统在早期建立的基础上，目前，大部分已经实现系统间数据对接、底层数据连通，如教务自助查询打印系统，利用系统数据对接实现教务信息的输出，自助打印在校证明、在校成绩单等。

3. 教育资源智慧化建设

随着大数据、云计算、“互联网 +”等新概念、新技术、新平台的普及和应用，微课、在线课堂、慕课等新型网络学习模式正在兴起。

（1）微课情况。微课是指以视频为主要载体，记录教师在课堂教育教学过程中围绕某个知识点或教学环节而开展的精彩教与学活动的全过程。其核心组成内容是课堂教学视频（课例片段）。微课相对于其他多媒体而言，具有教学时间较短、教学内容较少、资源容量较小及资源组成结构“情景化”等特点。

随着河南省教育厅对智慧教育的推广，河南省各大高校对微课建设的重视度越来越高，微课录制数量也与日俱增。以河南财经政法大学为例，河南财经政法大学于 2015 年筹建微课录制设施，2016 年正式实施，实行教师申报微课录制模式。具体情况如下表 6–1：

表 6–1　河南财经政法大学微课录制年度变化情况

年份	微课录制院系数量	微课录制课时数
2016	2	40
2017	11	220

由表 6–1 中数据可知，2017 年微课录制院系数量及微课录制课时数量都约是 2016 年的 5 倍，这与 2017 年河南财经政法大学被评为第一批河南

省智慧校园建设试点高校有很大的关联。此外，教师录制课程技术的熟练及学校对微课的重视都对该变化具有重大影响。

（2）在线课堂情况。在线课堂又称网络学习空间，在线课堂网络教学平台可以实现网络教学管理，通过定期或不定期查看教师教学进度、教学内容，抽查学生提交的作业、答疑记录等，有效加强对教师教学的监督；通过对学生发布作业与批阅作业、提问与答疑、课堂或课后讨论、期末考试等方式来考核学生的学业情况，也加强了教师与学生的交流互动。在线课堂就是微课、慕课的表现平台，通过该平台各大院校的学生、教师都能接触并学习到不同院校、不同领域的课程。

目前，河南省在线课堂课程数量正逐渐增长。据河南省教育厅相关负责人介绍，从 2016 年 9 月起，河南省正式启动高校精品在线课程建设，计划在“十三五”期间立项建设 400 门左右的省级精品在线开放课程，主要包括大学生文化素质教育课、受众面广量大的公共课、各高校有特色的学科 / 专业基础课和专业核心课、创新创业类课程 4 类，涉及郑州大学、河南大学、河南农业大学等全省 131 所高校。

以河南财经政法大学为例，从 2013 年引进在线课堂平台以来，各个教学院系积极主动配合在线课堂建设，提升在线课堂课程数量。截至 2018 年 5 月 1 日，在线课堂平台总访问量达 80665540 次，总课程数达 7935 个，开课教师达 2938 人次，学生数量达 67683 人次。据调研得知，以上数据会有专门负责人员进行记录，每天实时更新，但是，由于系统设计问题，未能得到本年度全部数据。

（3）慕课情况。慕课（MOOC），即大规模开放的在线课程，以兴趣为导向，在网上进行学习。旨在提供网络免费课程，给更多学生提供系统学习的可能。课程不是简单的数据搜集，而是一种将分布于世界各地的授课者和学习者通过某一个共同的话题或主题联系起来的方式方法。

2012 年，慕课模式在美国兴起。国内教育界的相关研究也逐渐兴起，国内慕课发展经历三个阶段：①萌芽阶段（2010—2012 年）；②发展阶段（2013 年）；③繁荣阶段（2014—2015 年）（阎秋娟，2016）。而在中国的慕课学习者主要分布在一线城市和教育发达城市。

慕课在河南省还处于起步阶段。2014 年 3 月，河南省高校首次慕课研讨会在郑州师范学院举行，各高校对慕课迅猛发展下面临的紧迫问题展开积极研讨。2015 年，郑州大学出台慕课教学模式，主要采用“好大学在线”“中国大学 MOOC”平台。学生通过慕课平台在宿舍就能学习，并且能够跨校进行学分互认。此外，慕课还提供讲义和提问平台，遇到问题可随时“举手”提问。据调研得知，河南省很多高校还没有整体的慕课模式，但部分院系已有了慕课的雏形，如河南财经政法大学目前的慕课模式还处于初步探索阶段，但该校正积极引进慕课模式。

三、河南省智慧教育建设存在的问题分析

1. 高校智慧教育建设程度不深入

智慧教育是随着 IBM 的智慧地球战略而提出的，随后，美国、韩国、新加坡等在智慧教育领域进行了系统的研究和实践，取得了一些成果，而我国对智慧教育的研究还处在初期阶段。河南省智慧教育建设虽紧跟国家政策，但由于各高校智慧教育建设存在跟风现象、建设程度不深入等因素导致河南省智慧教育整体落后于沿海发达地区。

通过调研发现，一方面，河南省各高校智慧教育建设停留在表面。在河南省教育厅推出智慧教育的初期阶段，河南省部分高校积极运用大数据、云平台建设智慧校园。但由于对智慧校园的知识储备不够，以及存在

盲从跟风现象，使得智慧教育建设存留在表面层次，具体内容不够深入。如在 OA 系统（无纸化办公室软件）推出的初期，各大高校踊跃参与推广，但很多高校忽视后期的跟进工作，使得 OA 系统在后期更新度不高、系统深入挖掘程度低下。

另一方面，河南省各高校运用信息化系统程度普遍不如沿海地区高。如常熟理工学院的学情分析系统，此系统在 2013 年就能通过学生一卡通分析学生的上网学习情况、在校情况等。一旦发现学生一卡通 3 天以上没有任何数据，系统便会自动向系主任或书记发消息；如 5 天没有数据更新，校长就会收到消息，由此实现了信息联动。然而截至目前，河南省没有一所高校能够做到这样的信息联动。

2. 高校智慧化建设水平不均衡

尽管随着河南省教育厅对智慧教育重视的加强，河南省各大高校增加了对智慧教育的关注度，但受限于高校性质差异、资金发展等因素，导致各个高校智慧化发展出现不均衡情况。

一方面，河南省理工科高校智慧教育建设程度普遍比文科高校高。河南财经政法大学以文科专业为主，因其信息系统多采用外包手段，后续完善程度不高，耗费了大量的人力、物力和财力。而理工类高校，如河南科技大学、郑州轻工业学院等，其智慧教育信息系统由本校师生自主研发，且后期自我完善能力强，节约了很多成本和资金；同时，他们的科研项目资金较多，能够投入大量资金用于智慧教育建设。

另一方面，河南省重点高校智慧教育建设情况比普通本科好。郑州大学是河南省唯一一所 211 重点高校，拥有比其他高校更好的信息化建设资源、更广的资金筹集渠道、更多的教学信息化资源等，而对于地区普通本科来说，信息化资源投入比例则较少。

3. 高校智慧教育后继资金不充足

资金充足是高校智慧化建设的必备条件之一。但由于领导层级重视度不足、后继资金不到位等因素影响，导致高校智慧教育建设停滞不前。

通过调研发现，目前高校建设智慧教育系统本身亟需大量建设资金，而且由于教育信息系统的更新换代，其在使用过程中也需要资金的不断投入。此外，即使作为教育厅试点院校，教育厅每年下拨资金也仅有 100 万元，远远低于运用系统需要的大量支出（一个智慧教育系统就接近百万元）。因此，部分高校在完成智慧校园初始建设阶段之后，由于后继资金不足，逐步降低对智慧校园的关注度，进而影响智慧教育建设进程。

另外，智慧教育建设需要学校各个部门协作完成。领导层级的重视程度会对部门间的工作配合度产生影响，进而影响智慧教育的建设进程。笔者通过调研发现，OA 系统的有效运用需要各个部门通力合作才能达到良好的运行状态。河南财经政法大学在推出该系统时，学校管理层大力支持，后勤处、教务处等各个部门也协同办公。OA 系统的推出，不仅节省了人力、物力、财力，更是极大地提高了工作效率。

第七章　河南省智慧医疗调研

一、河南省智慧医疗建设概况

河南省人口众多，医疗资源地区分布差异明显，发展智慧医疗对解决百姓“看病难、看病贵”的问题具有重要意义。2018 年 4 月 28 日，国务院办公厅印发《关于促进互联网 + 医疗健康发展的意见》，再次将智慧医疗确定为国家医疗事业发展的方向。为响应国家号召，2018 年 4 月 30 日，河南省人民政府办公厅印发《关于推进医疗联合体建设和发展的实施意见》，强调进一步推进分级诊疗并充分利用互联网、物联网技术发展远程医疗事业，为河南省智慧医疗的发展指明方向。全省在智慧医疗的应用、医疗条件及资金投入等方面均呈现出积极向好的态势。课题组通过查阅相关文献及实地调研发现，河南省目前的智慧医疗发展现状呈现出以下三个特点：

（1）智慧医疗应用广泛。课题组在经过实地调研发现，河南省智慧医疗的应用在广度和深度上均取得了可喜的成就。首先，从广度上讲，电子病历、远程会诊、区域医疗信息平台等均得到广泛应用。全省三甲医院全部使用电子病历，多数二级及其以上医疗机构均设置远程会诊系统，全省约 10 个地级市建立了市级医疗信息平台；其次，从深度上讲，区域医疗信息系统基本实现了从基层到城市的连通。

（2）医疗条件不断改善。由图 7–1 可知，近七年来，河南省省内每万人拥有床位数和每万人拥有执业（助理）医师数不断增加，每万人拥有床位数由 2010 年的 34.8 张增加至 2016 年的 54.7 张，每万人拥有执业（助理）医师数则由 2010 年的 16.5 人增加至 2016 年的 21.7 人。课题组通过对调研数据及政策文件的分析，发现医疗条件的改善主要受两大因素的影响，其一，近年来河南省经济水平不断提高，卫生医疗方面的财政投入不断增加，为医疗事业的发展提供了物质保障；其二，2009 年国家实施新医改，强调"有效减轻居民就医费用负担，切实缓解'看病难、看病贵'"的近期目标，对地方医疗事业的发展具有导向作用。基础医疗设施的完善是居民"病有所医"的重要保障，也是发展智慧医疗事业的重要前提。

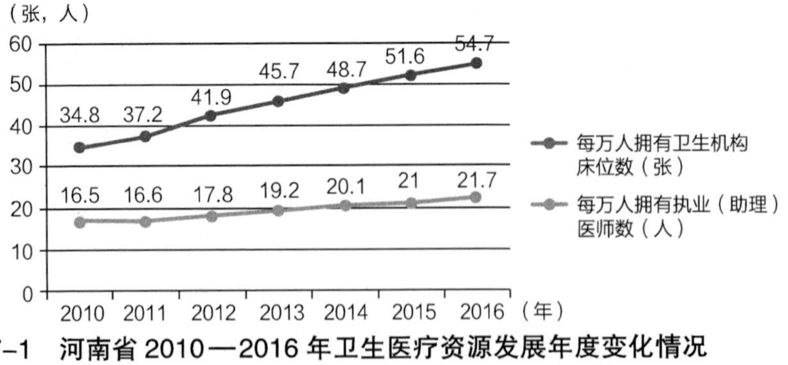

图 7–1　河南省 2010—2016 年卫生医疗资源发展年度变化情况

资料来源：河南省统计年鉴。

（3）卫生总费用持续增加。卫生总费用是指一个国家或地区在一定时期内（通常是一年）全社会用于医疗卫生服务所消耗的资金总额，通常由政府卫生支出、社会卫生支出、个人卫生支出三部分构成。从图 7-2 可以看出，河南省近年来的卫生总费用不断增加，且增幅也较为明显。资金的投入为河南省省内智慧医疗的发展及医疗条件的改善提供了物质支持，这也是影响医疗条件改善的两大因素中第一个因素的重要体现。

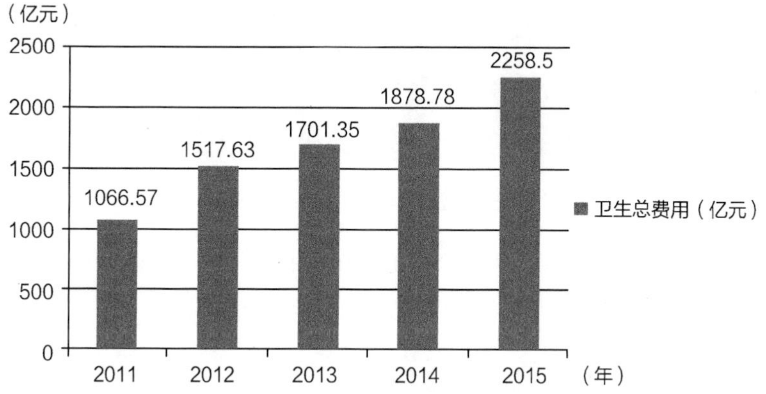

图 7-2 河南省 2011—2015 年卫生总费用投入年度变化情况

资料来源：河南省统计年鉴。

二、河南省智慧医疗建设的现状分析

智慧医疗在医疗领域的应用是深化医疗改革的重要保障，其能降低医疗成本，提供智能化、数字化、个性化的医疗服务，满足了更高效、低失误的医疗需求，成为医疗发展的最高目标（项高悦，2016）。河南省智慧医疗应用主要集中在区域医疗卫生信息化平台的搭建、电子病历的使用、远程医疗的普及等方面，力求通过信息技术缓解省内医疗资源的紧张现状。

1. 区域医疗卫生信息化平台建设

区域医疗卫生信息化平台，指的是连接规划区域内（医疗卫生机构、行政业务管理单位及各相关卫生机构）各机构的基本业务信息系统的数据交换和共享平台，是让区域内各信息化系统之间进行有效的信息整合的基础和载体，是多元化子系统整合的一个综合业务平台。智慧医疗的核心是通过打造区域医疗卫生信息化平台，利用最先进的物联网技术，实现患者与医务人员、医疗机构、医疗设备之间的互动，逐步达到信息化，因此，区域医疗卫生信息化平台在智慧医疗建设中扮演着重要角色。

政企合作是河南省建设区域医疗卫生信息化平台的主要方式。目前，河南省省内区域医疗卫生信息化平台的搭建多以地级市为单位，由政府相关部门牵头，企业提供技术支持，各医疗机构将数据接入市级平台，再由市级平台连接省级平台，从而实现全省医疗信息的汇总。由企业运营的区域医疗卫生信息化平台通过大数据分析技术进行数据的深度挖掘，以期实现惠政、惠医、惠民的目的。

河南省不同地区间医疗卫生信息化平台的建设现状存在差异。首先，以全国医改试点城市焦作为例，市内 27 家二级及其以上的医疗机构已经连通市级平台，各基层医疗机构也基本实现了与平台的互联；其次，就全省范围而言，地级市区域医疗卫生信息化平台的搭建还未实现全覆盖。由课题组调研信息得知，河南省全省 18 个省辖市，目前约有 10 个拥有区域医疗卫生信息化平台。区域医疗卫生信息化平台的搭建不仅有利于数据的汇集与分析，也有利于实现各医疗机构的信息互通，从而为居民就医提供更多的便利。

2. 远程医疗事业建设

远程医疗是指以计算机技术、遥感、遥测、遥控技术为依托，充分发挥大医院或专科医疗中心的医疗技术和医疗设备优势，对医疗条件较差的边远地区、海岛或舰船上的伤病员进行远距离诊断、治疗和咨询，主要包括远程医疗会诊、远程医学教育、建立多媒体医疗保健咨询系统等方面。

河南省远程医疗的发展具有相对完善的顶层设计，并且建设成果显著。2015 年，河南省卫生计生委印发《关于进一步推进远程医疗服务工作的通知》，为全省远程医疗的发展制定了标准和规范。2015 年下半年开始，河南省人民医院按照国务院《关于推进分级诊疗制度建设的指导意见》精神，结合河南省省情，充分发挥三级综合医院的龙头作用，把提升基层医疗服务能力作为重要任务，以远程医疗信息系统为支撑，以互联智慧健康服务为特色，推动优质医疗资源共享和技术下沉。截至 2017 年 11 月底，河南省人民医院网络医院实现了向外连接国内外更好的医院，向下连接县级医院，县级医院层面又打通了县乡村的系统建设。此外，据 2018 年“两会”期间的报道可知，河南省预计会在 2018 年实现远程医疗覆盖到乡，150 种常见病留在基层即可治疗。

各地级市远程医疗建设成果也较为可观。以焦作市为例，一方面，通过引入社会资本方式，与北京天健公司合作建设投资 1.7 亿元的智慧医疗信息化项目，于 2015 年 10 月启动，截至 2017 年 11 月底，已完成投资 8000 万元；另一方面，焦作市内十几家二级及其以上公立医院均建设有远程会诊系统，70 多个基层医疗机构也可以实现远程会诊。远程医疗的建设对于河南省卫生医疗事业具有重大意义，通过此技术可以一定程度上缓解省内医疗资源紧张的现状，使居民看病就医更加便捷。

3. 其他方面的应用

除上述两方面外，网络预约挂号、电子病历和居民电子健康档案也是河南省智慧医疗建设的重要方面，这三者的发展现状具有如下特点：

（1）网络预约挂号使用比例较高，预约途径也相对多样。2017 年，河南省全省通过省级平台可预约医院达 105 家，专家 10941 人，预约挂号总量为 56.38 万个；全省网络通过“118114”预约挂号逾 20.12 万个，占总量的 37.49%；通过网站、微信、APP 等预约挂号逾 36.25 万个，占量的 62.51%。通过这一系列数据可以发现，河南省内网络预约挂号使用比例相对较高，其中，手机端（包括微信公众号、APP 等）使用最为广泛。对于人口数量较多的城市，网络预约挂号的使用可以为居民带来很多便利，节省排队挂号的等候时间。据相关计划要求，河南省 2018 年的目标为：省直（省管）医院预约诊疗率大于 70%，各地三级医院预约诊疗率大于 50%，城市社区转诊预约占本地门诊就诊量的比例大于 20%，本地患者复诊预约率大于 50%。

（2）电子病历普及程度高，但居民电子档案建设不理想。课题组通过实地调研和数据查证发现，近年来，河南省在电子病历的建设、使用方面成就显著，目前，河南省三甲医院已经全部使用电子病历，但各医院之间并未形成电子病历的相互连通、相互认可。电子病历是建设居民电子健康档案的基础，但由于信息孤立，居民电子健康档案的建设多是不同医院“各自为政”，并未形成独立、公认的居民电子健康档案系统。

三、河南省智慧医疗建设存在的问题分析

近年来，河南省智慧医疗在迅速发展的同时，也暴露出一些严峻的问

题，这些问题成了智慧医疗事业进一步发展的瓶颈，如何突破、解决这些问题显得尤为重要。课题组在调研中发现，在河南省智慧医疗发展中存在以下困境：

（1）卫生行业复合型人才缺乏。智慧医疗的发展需要这样的人才，他们既拥有信息化技能，又能懂得医疗行业的相关业务知识。这一类人才的缺乏与我国信息化发展历程有着重要关联，一直以来，由于信息化建设投入不均衡、边缘化的信息部门不受重视，阻碍了卫生行业信息化人才的培养（刘琪等，2017）。从人力资源的角度分析，由于现阶段只能招用不熟悉业务知识的纯信息化人才，大大地增加了后期培训所需的时间和费用。

（2）医疗机构间信息共享不畅。河南省智慧医疗建设中医疗机构信息共享困难主要由两大原因造成。其一，相关的软件系统建设不完善，通过调研发现并不是所有的地级市都拥有区域医疗卫生信息化平台，也并非所有医院都有相关的系统建设，因此，软件设施的不完善成为阻碍信息共享的一大“鸿沟”；其二，缺乏相关的政策推动。医疗机构之间器械设施及医务人员专业水平等方面的差异，使得推动诊疗结果互认变得格外困难。因此，政府作为第三方，应该积极出台相关政策进行引导、推动。

（3）顶层设计不完善且资金匮乏。目前，河南省智慧医疗的发展缺乏省级层面的宏观规划，这也是当前智慧医疗发展的一大阻碍。由于缺乏宏观政策的导向，许多地方性智慧医疗建设措施无法顺利开展。此外，智慧医疗的建设需要巨大的资金投入，虽然近年来河南省医疗卫生方面财政支出不断增加，但仍无法满足需求。

第八章　河南省智慧交通调研

一、河南省交通建设概况

1. 公路建设

公路根据使用任务、功能和适应的交通量分为高速公路、一级公路、二级公路、三级公路、四级公路五个等级，其中，高速公路，是专供汽车分向、分车道行驶并全部控制出入的干线公路。河南省积极响应和完成国家公路网规划，省公路里程逐年增加。据图 8-1 所示，河南省公路里程从 2012 年的 249649 公里增加到 2016 年的 267441 公里，增长率为 7.1%，其中，高速公路里程从 2012 年的 5830 公里增加到 2016 年的 6448 公里，增长率为 10.6%。尤其是在 2014 年河南省发改委批复《河南省普通省道网规划调整方案（2013—2020 年）》之后，河南省普通省道网将由 46 条南北纵线、38 条东西横线、4 条放射线及 42 条联络线组成，从 2014 年开始公路里程迅速增加。这表明逐渐完善的公路交通网络需要用物联网、云计算、自动控制、移动互联网等智慧化技术为其服务，充分发挥河南省交通枢纽的作用。

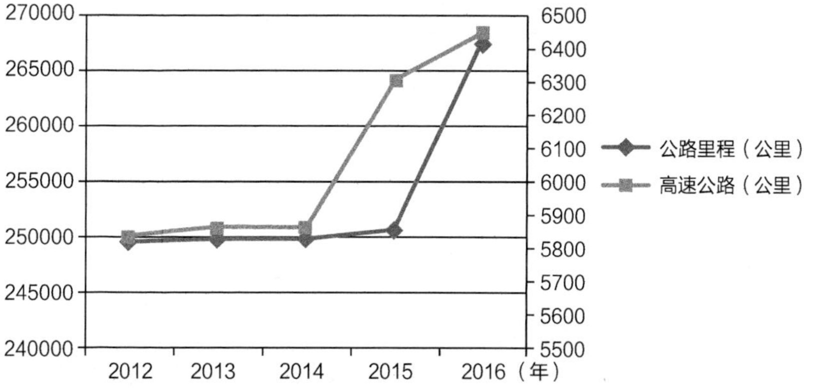

图 8-1　河南省 2012—2016 年公路及高速公路里程数年度变化情况

2. 铁路建设

河南省建设智慧化铁路是融入国家现代化体系的重要保障，是与世界接轨的重要前提。目前，河南省为实现铁路跨越式发展和率先崛起的战略，逐年增加铁路总里程。如表 8-1 所示，河南省铁路营业里程从 2013 年的 4822 公里增加到 2014 年的 5108 公里，再到 2015 年的 5205 公里，直到 2016 年的 5466 公里，总里程持续增加。这主要受两个方面影响：其一，国家的有力推动。习近平总书记 2014 年在河南省考察时指出，希望河南省建成连通境内外、辐射东中西的通道枢纽，为丝绸之路经济带建设多做贡献，全省也加快“米”字形快速铁路网建设。其二，政府政策的大力支持。河南省政府发布《河南省“十三五”现代综合交通运输体系发展规划》，“十三五”期间，全省将形成“米”字形主通道和“井”字形侧通道布局，铁路营业里程达到7000公里。

表8-1　河南省铁路营业里程年度变化情况

年份	铁路营业里程（公里）
2013	4822
2014	5108
2015	5205
2016	5466

3. 汽车数量

随着社会经济的发展，人们对美好生活的需求不断增加，河南省的汽车数量呈上升趋势。由图8-2可知，汽车总数由2012年的15518961辆增加到2015年的21801578辆，2016年汽车数量为21287766辆，减少2.35%，但从2012—2016年，汽车数量总体增加37.17%。从收集的数据可以看出，2018年春节，河南省汽车流量达到1474万辆，且在“五一”期间，汽车流量也达到772.6万辆，这表明河南省汽车数量及流量大，亟须运用智慧交通来提升车辆的通行效率及对交通状况进行全面监管。

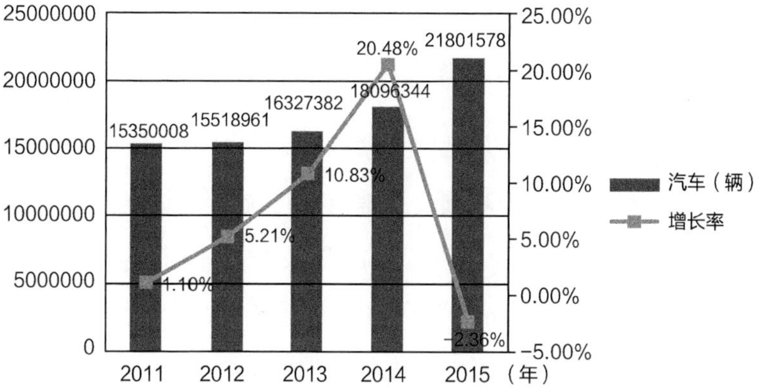

图 8-2　河南省 2011—2015 年汽车数量及占比年度变化情况

二、河南省智慧交通建设的现状分析

2016 年 12 月，国务院和国家发改委先后批复并印发《中原城市群发展规划》，将中原城市群定位为中国经济发展新增长极、中西部地区创新创业先行区、内陆地区双向开放新高地和绿色生态发展示范区，河南省 18 个地级市位列其中，发展智慧交通对发挥河南省中心辐射作用具有重要意义。2017 年 1 月，国家发展改革委、工业和信息化部联合印发了《信息产业发展指南》（封斌，2018），其中，在发展重点领域“智能硬件和应用电子”中，特别单列出智慧交通条项，指出智慧交通领域近阶段的发展重点。为响应国家号召，2017 年 4 月，河南省交通厅发布了《河南省“十三五”现代综合交通运输体系发展规划》，旨在推动全省交通信息资源在线集成和提升交通运输科学治理能力。

智慧交通是一项由政府指导、相关方积极配合的重要的城市智能化应用工程，而河南省智能化交通建设主要包括智慧交通基础信息建设、公共交通服务、智慧交通管理三个方面。

1. 智慧交通基础信息建设

智慧交通基础信息建设是运用互联网、大数据等信息技术将铁路、公路、公共出行等运输途径的基础设施信息进行统计、整合、运用、共享的模式。河南省对其建设尤为重视，2017 年发布《河南省云计算和大数据“十三五”发展规划》，不断完善交通行业云平台、全面整合交通运输信息资源，致力于将河南建成国内领先的数据资源汇聚区、特色应用示范区和大数据产业基地。智慧交通基础信息建设可分为信息通信基础设施网络化、资源整合数据化、信息资源开放共享化三个方面。

（1）信息通信基础设施网络化。一方面，河南省全面建成交通运输行业信息专网，实现部、省、市三级的互联互通，服务于行业管理和信息化建设。此网络覆盖全省 18 个省辖市、10 个直管县（市）交通运输主管部门和所有厅直单位；另一方面，高速公路信息通信网实现全国性互联，为全省高速公路收费、路网监控的联网运行提供了通信保障。全省高速公路已安装道路监控采集设施 15000 余台、信息发布设施 3000 余台，实现全路网基本覆盖，且重点营运车辆监控安装率达到 95%。

（2）资源整合数据化。一方面，河南省积极搭建河南交通云计算平台和数据中心，截至 2017 年年底，已有 50 余个信息系统在云平台安全运行，12 个逻辑数据库群累计交换、存储近 10 亿条数据；另一方面，河南省已建成全省统一的交通地理信息平台（GIS 平台），此平台涵盖全省公路桥梁、涵洞隧道、航道渡口、治超站等基础设施空间数据，提供桩号定位、路径策划、路况信息接口等专题 GIS 服务。

（3）信息资源开放共享化。一方面，与公司合作搭建信息共享平台，河南省通过云平台将基础公路网、班线客运和郑州出租等数据向社会开放共享，并与百度公司积极开展合作，为公众提供高效便捷的出行信息服务；另一方面，运用大数据将信息整合发布，河南省通过信息化管理，将全省交通运输行政执法案件信息、超限超载信息进行汇总，实现跨部门、跨区域的信息交换共享。

2. 公共交通服务

河南省积极推进智能公共交通服务体系建设，加强公众出行基础设施改造，提高信息服务能力，从而提升公共交通服务水平。全省公共交通服务可从公共交通信息化服务多样化、高速公路通行费支付方式智慧化、公众服务与监督群众化三个方面进行分析。

（1）公共交通信息化服务多样化。首先，截至 2017 年年底，全省二级以上客运站均实现联网售票，已累计售票 350 万张，售票金额 2.8 亿元；其次，18 个省辖市交通一卡通与全国互联互通，联通城市数量位居全国第一；最后，郑州市、济源市等市建成了涵盖公交电子站牌、门户网站、微信公众号、手机 APP 等在内的城市综合出行信息服务平台。

（2）高速公路通行费支付方式智慧化。一方面，ETC 系统实现全国联网，用户超过 200 万，货车非现金支付自 2016 年年底开通以来，使用非现金支付的货车流量达 600 万辆；另一方面，全省积极推广高速公路通行费手机支付，已建成 100 余个试点收费站，500 余条试点车道，通行效率和用户体验持续提升。

（3）公众服务与监督群众化。一方面，河南省建成了提供公众服务的相关系统，主要提供信息发布、客运购票、治超公众监督等核心服务，累计服务用户 230 万余次；另一方面，12328 服务监督电话实现部、省、市（县）三级联网，68 个坐席月均受理人工有效业务近 9 万件，行业服务监督、投诉举报、咨询服务能力显著提升。

3. 智慧交通管理

智慧交通管理是用技术手段合理地限制和科学地组织、指挥交通，正确处理道路交通中人、车、道之间的关系，使交通尽可能安全、通畅、公害小和能耗少。截至2016年年底，河南省公路总里程267441公里，铁路营业总里程5466公里，覆盖面积广，因此，河南省公路、道路运输、综合执法等管理部门开展了大量的信息化建设工作，以增强行业监管能力。

第一，行业安全应急信息化。全省建成公路安全畅通与应急处置系统，连接57个高速公路监控分中心，覆盖全省6519公里高速公路，并同时分析3700余路视频图像，对全省高速公路实施24小时全天候监控，在全国率先实现了对全省高速公路的可视、可测、可控，为保障路网安全畅通和应急处置协同作业提供稳定可靠的支撑。京港澳高速驻信段智能管控科技示范工程基于交通流数据采集系统、无人机监测系统和北斗终端路政巡查系统，形成了地—空—天立体化的运行监测体系，投入使用后交通事故率降低10%，通道整体运行效率提高15%。

第二，服务市场监管全面化。全省建成公路建设与运输市场信用信息服务系统，完成了与“信用河南”和“信用工商”系统的对接与数据同步工作，截至2018年年底，已实时同步信息10万余条，发布行政许可46362条、行政处罚59131条，位居全省前列。

三、河南省智慧交通建设存在的问题分析

河南省智慧交通仍处于初级阶段，近年来，随着信息技术的快速发展，智慧交通覆盖面逐渐扩大，但问题依然存在，主要有顶层设计不完

善、关键技术问题尚未解决、对智慧交通的认识不成熟三个方面。

1. 顶层设计不完善

智慧交通建设需要从上到下形成合力，不仅需要从全局部署建设方向，而且需要各级政府积极实施。一方面，河南省交通地理位置、交通演变发展在全国范围内具有鲜明的特色，仍在探索智慧交通建设的特有模式，因此，顶层设计不够完善；另一方面，各城市积极响应国家推动交通智能化发展的号召，投入到智慧城市建设中，然而，河南省现有的智慧交通建设规划只是提出了整体的建设目标、建设内容及建设要求（崔昭彦，2018），还未从智慧交通建设落实角度出发制定较为完善的顶层设计。

此外，顶层设计的缺失也造成了相关部门之间各自为政、相互脱节的现象，而且与智慧交通有关的各部门隶属单位不同，信息汇集地也各不相同。例如，电子收费系统（ETC）是民营企业；高速监控、测速由省公安厅下属单位高速交警管理；城市公共交通归属于郑州市交通委员会。

2. 关键技术问题尚未解决

建设智慧交通系统需要将信息技术、计算机技术、数据通信技术、传感器技术、电子控制技术、人工智能等有效地综合运用于交通运输、服务控制和车辆制造，从而加强车辆、道路、使用者三者之间的联系。但是目前，河南省在智慧交通技术研发和创新水平方面仍有待提高。

首先，数据信息安全、交通信息平台建设等关键技术问题有待创新与突破。交通数据包含个人的一些敏感信息，大量数据的汇集会引起潜在的安全风险。目前，河南省大数据安全防护能力有待加强，且交通平台要从硬件到软件提升互联性和兼容性，实现资源整合与数据标准化。其次，智慧交通建设成本与高昂的技术费用之间存在的矛盾。仅建设一条电子收费系统（ETC）成本就需要花费 30 万～ 40 万元，且 2018 年河南省信息化建设专项资金增加到 8000 万元。

3. 对智慧交通的认识不成熟

河南省智慧交通的目标是建成与经济社会协同发展相适应的互通、互联、开放、共享的交通运输信息化智能化应用系统及发展模式，但就目前来说，河南省在对智慧交通的整体认知方面仍存在误区。

一方面，政府对智慧交通的实现路径及技术载体的研究尚不成熟，各地的“大交通”意识尚未形成，对于智慧交通在交通预测、运行决策，以及公共服务等方面的功能及作用理解不到位，一些城市只是把智慧交通当作监管违规现象及播报道路拥堵情况的工具，尚未发挥智慧交通在数据分析、预测、决策方面的潜能（崔昭彦，2018）；另一方面，人们对智慧交通的认识仍停留在获取交通道路信息、提供交通管制等，对智慧交通服务将满足个性化及多元化需求、促进出行更安全、更高效、更便捷、更经济、更环保、更舒适的发展认识不足。

第九章　河南省智慧环保调研

一、河南省环境建设概况

1. 水源环境

经过多年的治理，河南省水利环境质量呈现稳中趋好的态势。2016年全省地表水水质级别为轻度污染，全省城市地下水质量级别为良好，全省省辖市饮用水源地浓度年均值评价水质级别为良好，全省省直管县（市）饮用水源地浓度年均值评价水质级别为良好，与2015年相比，全省省直管县（市）集中式饮用水源地水质基本稳定。自2017年水污染防治攻坚战之后，结合其成效，按照国家和河南省既定的年度目标，2018年河南省全省水污染防治目标新鲜出炉。

本书从废水排放量着手，以梳理河南省水源环境变化的趋势。废水排放总量为工业废水排放量、城镇生活污水排放量和集中式治理设施污水排放量之和。从 2013 年的 41.26 亿吨到 2014 年的 42.28 亿吨，再到 2015 年的 43.35 亿吨，整体呈现缓步增长的态势，却在 2016 年下降至 40.21 亿吨，如表 9–1 所示。早期增长是由于经济的迅速发展，产生污染的工厂种类越来越多，为了争取最大利润而缺乏污水处理设备，而 2015—2016 年总量减少则是受全省对水污染的重视、新技术的应用、民众环保意识提高等所影响。

表 9–1　河南省废水排放量年度变化情况

年份	总量（亿吨）
2013	41.26
2014	42.28
2015	43.35
2016	40.21

2. 大气环境

自 2015 年起，河南省的空气质量得到很大改善。2015 年的空气优良天数为 183 天，2016 年为 195 天，国家标准为 180 天，都超过了国家规定的最低天数 190 天，且在 2017 年空气优良天数达到 200 天，如期完成国家下放的指标，预计 2018 年达到 210 天。优良空气天数的增加也反映了全省雾霾状况的极大改善。

本书主要以工业二氧化硫排放量入手来证实全省大气环境的状况。工业二氧化硫排放量指报告期内企业在燃料燃烧和生产工艺过程中排入二氧化硫大气的总量。从 2013 年的 110.27 万吨到 2014 年的 103.17 万吨，再到 2015 年的 91.50 万吨直到 2016 年的 28.47 万吨，如表 9–2 所示。工业二氧化硫排放量在前期逐步降低，于后期急速减少，这主要受国家政策的导向、全省对工业污染的重视、新能源的开发使用、企业设备健全、“煤改气”工作的开展等原因的影响。

表 9-2　河南省工业二氧化硫排放量年度变化情况

年份	总量（万吨）
2013	110.27
2014	103.17
2015	91.50
2016	28.47

3. 绿地建设

随着国家保护生态环境步伐的加快，河南省绿地建设也在不断加强。2013 年河南省全省完成营造林 564 万亩，实施城镇增容扩绿工程，城市新增绿化面积 3800 公顷。本书以森林面积及公园绿地面积作为主要衡量指标，森林面积由 2014 年的 359.07 万公顷，占比 21.5%，到 2015 年的 394.50 万公顷，占比 23.6%，再到 2016 年的 402.8 万公顷，占比 24.2%。如表 9-3 所示，皆明确显示森林面积的逐年扩大，表明全省在绿地保护与建设上的重视。同时，公园绿地面积也由 2012 年的 21202 公顷增加到 2013 年的 22226 公顷直到 2014 年的 23834 公顷，如表 9-4 所示，明显发现公园绿地面积的逐步增长，这与河南省在绿地建设上的努力是密切相关的。

表 9-3　河南省森林面积及占比年度变化情况

年份	面积（万公顷）	占比（%）
2014	359.07	21.5
2015	394.50	23.6
2016	402.80	24.2

表 9-4　河南省公园绿地面积年度变化情况

年份（年）	面积（公顷）
2012	21202
2013	22226
2014	23834

4. 环保投资

随着国家对环保重视程度的不断提升，在环保政策的不断利好下，河南省环保行业投资规模也不断增加，2017 年环保业景气度仍然向好，环保监测及设备企业将不断迎来利好。作为国民经济新的支柱性产业，国家对环保产业发展的重视程度不断提升，进入“十三五”时期，政策对环保的支撑力度将持续增强。本书以环保投资金额来衡量全省环保力度。从 2014 年共计投入 3175752 万元，2015 年已经增长至 3601628 万元，而 2016 年增长更为明显，达到了 4550848 万元。如表 9-5 所示，自 2014 年来，河南省对环境污染治理的资金投入增长幅度逐年增大，可以看出，全省对环保工作的重视程度逐步提升，显示出坚定做好环境保护的决心。

表 9-5　河南省环保投资金额年度变化情况

年份	投资金额（万元）
2014	3175752
2015	3601628
2016	4550848

二、河南省智慧环保建设的现状分析

智慧环保主要是指在传统城市环境治理模式的基础上，将大数据、云计算等“互联网 +”的思维和理念与以物联网为基础的智能化软硬件系统融入到城市环境的治理中，利用信息平台与智能系统优化城市环境，以提升城市环境监测系统的效率，改变城市环境污染整治模式（杨学军等，2014）。

河南省主要通过智慧化监测及治理来进一步提高环保效率，改善监测治理模式。本书主要从空气智慧监测及治理和水源智慧监测及治理两个模块进行论述。

1. 空气智慧监测及治理

空气智慧监测及治理是河南省智慧化主要模块之一，空气质量的日益改善离不开空气监测的智慧化及空气治理的多样化。

（1）空气监测智慧化。自 2008 年起，河南省在空气质量监测方面已经达到 100% 自动化。统计数据显示，截至 2017 年年底，河南省 18 个省辖市约有 100 个空气监测站，每个县（不包括市辖区）平均有 3 个左右。近年来，环保部门又在豫北地区设立 300 多个乡镇空气站，全省也设立了近 800 个简易空气站，其中包括郑州市建立的 100 多个简易空气监测站。

（2）空气治理多样化。河南省现拥有多种除尘新技术，主要包括密闭式除尘（隔离法）、过滤式除尘（袋式除尘）、高压静电除尘、喷水或喷雾除尘（湿法凝尘）、柏美迪康生物纳米抑尘五大除尘方式。除此之外，空气治理逐步迈向精细化治理，如增加人行道植被覆盖率，向无裸露土地趋势发展，还采取了各种措施，如汽车限号等。而针对企业，截至 2017 年年底，河南省 2700 家企业安装了污染监测设备，其中，负责对排放废气的监测有 1700 多家。从 2016 年开始，国家重点控制污染企业、省重点控制污染企业的划分取消，一律列入重点污染企业。2017 年，河南省共划定 1500 家重点污染企业，对于不达标企业实施关停治理的方法，全省去年共计关停 2 万多家不达标的小企业。

2. 水源智慧监测及治理

现阶段，河南省水源环境也在逐步趋好，水源监测智慧化及水源治理规范化都在水源环境建设中起着至关重要的作用。

（1）水源监测智慧化。水源监测智慧化主要是运用物联网、大数据等信息技术，组成一个从水样采集、水样预处理、水样测量到数据处理及存储的完整性系统，从而进行水质的自动监测，实现动态的监督管理。2008—2016年，河南省在水质量监测方面的自动化比例达到了90%左右，但在2016年年底又退回手工监测，原因主要是自动监测的不准确等。

（2）水源治理规范化。对于水源治理，河南省法制办出台《河南省水污染防治条例》，提出实行目标责任制，按照坚持预防为主、防治结合、综合治理的原则进行监督管理。目前，河南省主要通过控制工业的生产布局、发展生态农业等手段来进行饮用水水源和其他特殊水体治理。其中，对于企业的管控，河南省采用安装检测设备的方式，在2700家企业安装了监测设备，对废水的监测有近1000家。同时，正在实施的"企业黑名单"制度也取得较显著的效果，增加企业违规排污的代价，以达到企业不敢污染的目的。

三、河南省智慧环保建设存在的问题分析

随着环保情况的多样性，采用智慧环保的理念和方案来应对城市环境问题已经在学界和各级环保部门形成了共识，环境信息化已经成为了主流趋势（周博雅等，2018）。在现今环保治理复杂化的条件下，以人工为基础的治理模式受到了严峻的挑战，而采用智慧化手段是必由之路。河南省智慧环保在取得一定成效的现状下，仍存在着一些问题，如环保数据资源

缺乏共享机制、环境信息多源感知能力有待提升及信息化执法能力有待改进等。

1. 环保数据资源缺乏共享机制

近年来兴起的“智慧环保”理念及互联网技术的发展，使得国家相关部门也在积极采取措施改变当前环境治理的困境，国务院部门改革就是一个重要体现，但在河南省，环保数据资源在部门内及民众中仍缺乏共享机制。

环保数据资源在部门内未做到互通有无。首先，河南省并未有专门的信息平台与智能系统，仅仅做到了硬件更新而忽视了软件的建设更新，且未在内部打通数据互联通道，因此，也耽误了各部门间的数据互通；其次，许多“互联网 +”的应用还在规划当中，仍未得到落实，信息化严重滞后，应用速度慢，环保部门的思维方式还未完全向“智慧化”靠拢；最后，各部门单打独斗，无通力合作。环保建设涵盖多个方面，除去河南省环境保护厅所承担的责任，如建成区绿化面积归河南省住房和城乡建设厅负责，各部门之间没有进一步的沟通及合作，不能明确知晓全省所有的环保状况及监测治理情况。

环保数据资源没有充分对民众公开。较低的信息公开率使得民众的知情权未得到保障，如环保部门开通的渠道太过单一，未与当下联系，因此，民众会对环保工作存在一定误解。同时，由于许多环保数据民众无从知晓，也就不能自觉形成环保意识，而环保出现问题会责怪环保部门，信息的不透明使得民众与环保部门之间，在环保问题上形成恶性循环。

2. 环境信息多源感知能力有待提升

在现今复杂的环境情况下，环境要素也在瞬息变化，监测及治理越发重要，这也对监测的精确度及治理的合理化提出了更高的要求。河南省在监测要素的范围及监测的准确度上仍有待提高。

监测的要素有待扩大。在河南省智慧监测及治理中，侧重于空气的智慧化监测和治理及水源的智慧化监测和治理，缺少对污染源、土壤、重点污染源企业、综合信息等环境要素的监测及治理。因此，不全面的监测要素也使全省向“智慧化”靠拢显得更为困难。

监测的准确度有待加强。河南省在智慧化监测方面仍面临许多问题，如在水源监测上仍存在着监测不准确、监控范围不能做到100%、应用存在反复的问题。监测不准确一定程度上阻碍了全省监测效率的发挥，也影响着环境“智慧化”的推进。

3. 信息化执法能力有待改进

随着环境状况复杂多变的发展态势，由传统的执法模式转变为智慧的执法模式也是必然选择。在网络的新环境下，执法人员没有高效的行动能力，环保部门没有充分运用网络及科技手段，没有实施将数字化城管系统、街道重点区域高清监控系统、街道智能卫星图片执法监察系统、无人机巡查系统、街道舆情监控系统、执法记录仪等科技手段整合起来的新举措，传统的执法方式造成了基层环保工作人员的工作内容繁冗重复，而领导决策未善用横、纵向可量化分析的数据基础，也严重影响了环境管理效率和环境监管能力。

第十章　河南省智慧农业调研

一、河南省农业建设概况

河南省地处中原，大部分地区位于暖温带，具备天然的地理位置和气候优势，充足的光、热、水资源和肥沃的土地为其农业的发展奠定了良好的基础。河南省作为中国农业大省，粮棉油等主要农产品产量均居全国前列，是全国重要的优质农产品生产基地。

1. 耕地面积

耕地作为粮食生产的重要前提与保障，能够为农村人口提供主要的生活保障，也是城市居民生活资料的主要来源。河南省作为国家粮食生产核心区，在推进坚守耕地数量质量、永久农田规划工作“双红线”等方面做了不少探索。

在坚守耕地数量质量方面，河南省国土资源厅为严守耕地红线，要求各级国土部门强化“管控、约束、补救、建设、倒逼、惩治”六重保护措施，同时，建立以县级平衡为主、省辖市调剂为辅、省级适度统筹为补充的耕地统筹机制，以确保耕地数量不减少。在“十二五”期间，河南省共整治土地近 4602 万亩，新增耕地 181 万亩。截至 2017 年年底，河南省耕地总面积达 1.22 亿亩，与 2009 年第二次全国土地调查结果相比，首次实现耕地净增加 7.61 万亩。近五年，河南省耕地面积具体变化情况如图 10–1 所示。

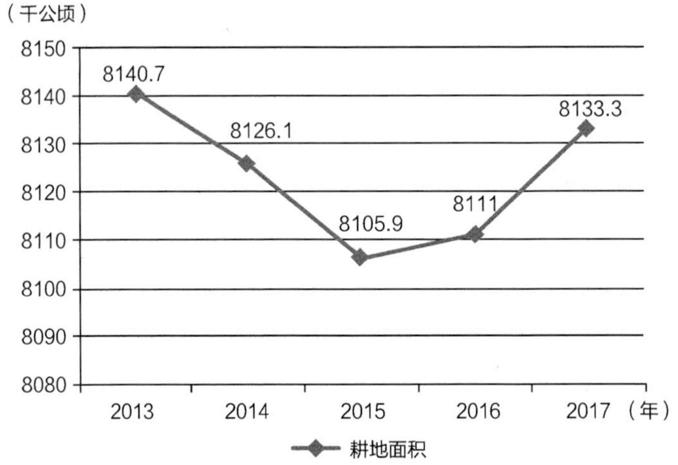

图 10–1　河南省 2013—2017 年耕地面积年度变化情况

永久基本农田作为耕地组成部分，是指为确保土地资源可持续利用和经济社会可持续发展，根据土地管理法律法规，在土地利用总体规划中确定不得占用的具有较高或潜在生产能力的农用地。截至 2017 年年底，随着河南省第三批县级永久基本农田划定数据库上报国土资源部，全省永久基本农田划定工作全部完成。在永久基本农田划定前，河南省共有基本农田 1.019866 亿亩，通过划定工作，全省永久基本农田面积增加到 1.0227 亿亩，增加了 28 万多亩，基本农田保护率由划定前的 83.75% 提高到 84.04%。

2. 粮食种植

粮食作物是农作物种植中的主要作物，目前河南省主要种植的粮食作物有水稻、小麦、玉米等，主要分为夏收与秋收粮食。2018 年，河南省召开粮食工作会议，会议指出，目前全省各级粮食部门主动适应改革新形势、积极应对发展新任务，粮食工作呈现稳中求进的良好态势，其粮食播种面积和粮食产量都逐步进入新阶段。

在粮食播种面积方面，近年来，河南省粮食种植总面积呈现稳中有增的变化态势，如图 10–2 所示。截至 2017 年年底，河南省粮食种植面积 10135.50 千公顷，比 2016 年减少 150.65 千公顷。河南省为提高粮食综合生产能力、保障粮食安全，从 2015 年开始实施高标准粮田建设计划，并出台了相关保护条例，如《河南省高标准粮田保护条例》，以规范河南省高标准粮田的规划、建设、管理和保护。五年内，河南省高标准粮田累计建成 5899 万亩，新增产能 75 亿公斤，达 625 亿公斤。

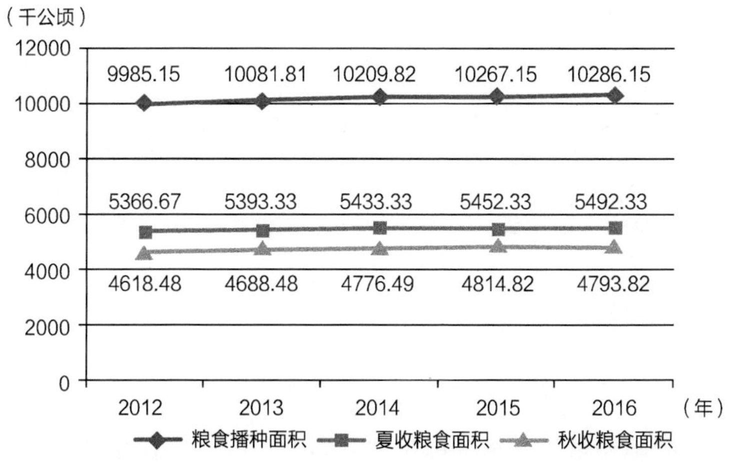

图 10–2 河南省 2012—2016 年粮食播种面积年度变化情况

在粮食产量方面，2017 年，河南省认真贯彻中央及省委农村工作会议精神，加强农业供给侧结构性改革，全力推进“四优四化”，河南省粮食生产能力持续保持稳定。河南省近五年的粮食总产量变化情况如图 10–3 所示，截至 2017 年年底，全省全年粮食总产量 5973.40 万吨，比 2016 年增加 26.80 万吨，是历史第二高产年。其中，夏粮产量 355.4 亿公斤，同比增加 7.75 亿公斤，是历史最高位；秋粮总产量为 241.92 亿公斤，比 2016 年减产 5.06 亿公斤。尽管秋粮略有减产，但夏增补秋减，全年粮食总产量仍高于 2016 年。此外，其他农作物如棉花、油料作物、蔬菜及食用菌，以及猪牛羊禽肉、禽蛋等总产量也都实现了不同程度的增长。

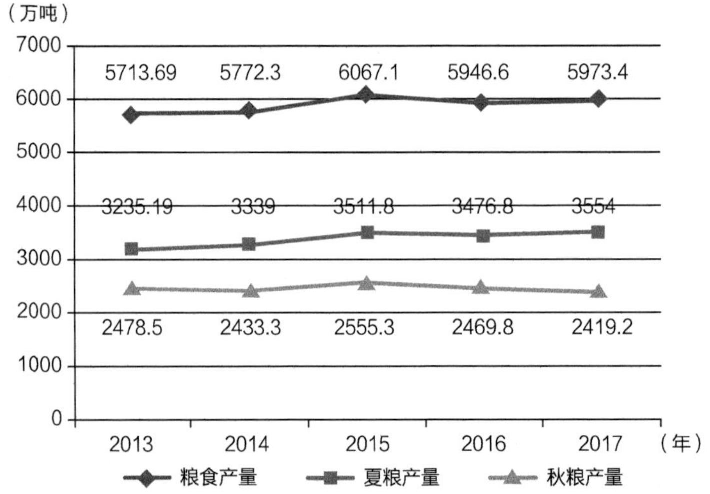

图 10–3　河南省 2013—2017 年粮食产量年度变化情况

3. 生产条件

粮食产量不仅会受到粮食播种面积、作物品种的影响，也会受到机械化水平、化肥施用量等多种外部条件的影响，因此，在作物生长期进行科学管理，通过改进外部生产条件，能更好地促进农业生产方式转变、加快农业现代化。

农业机械化能够提高劳动生产率，当前河南省农业机械化正处于速度加快、质量优先发展阶段，机械化水平和机械总动力都呈现逐步上升趋势。一方面，机械化程度逐步提高。河南省统计年鉴数据显示，截至2017年年底，全省主要农作物耕种收综合机械化水平首次突破80%，达80.8%，提高了1.7个百分点，达到历史新高，其中，小麦生产基本实现全程机械化，玉米机收率达73%，水稻机收率达85.7%。另一方面，农机装备更加优良。2017年，河南省农业机械总动力达1.02亿千瓦，同比增加330万千瓦，大中型拖拉机保有量和总动力分别达45.85万台、1973.9万千瓦，分别增长6%、8.7%，增速和增长质量都大幅提高。为进一步改善农机装备结构，提升农机化综合水平，河南省自2010年开始推行实施农机购置补贴政策。2017年，河南省共安排农机购置补贴资金16.2亿元，重点向合作社、家庭农场等新型农业经营主体倾斜，共补贴农机具13.66万台，受益104261户，带动社会投入43.37亿元。

河南省主要的农业生产模式是化学农业，这种模式会依赖于化肥和农药等人工合成化学品，对此，河南省相继出台《河南省2018—2020年化肥使用量零增长行动方案》《河南省清洁土壤行动计划》等文件，对农药、化肥的使用进行管控，旨在到2020年，实现全省主要农作物的化肥、农药使用量零增长，利用率提高到40%；测土配方施肥技术推广覆盖率达90%以上；有机肥养分还田率达60%。2016年，河南省化肥使用量增幅降至1.4%以下，增幅明显降低，农药使用量下降，如表10-1所示；2017年，河南全省化肥农药零增长行动效果显著，主要农作物肥料利用率达37%，同比提高1个百分点；农药利用率37.7%，提高0.8个百分点。

表 10-1　河南省农药施用实物量年度变化情况

年份	农药施用实物量（万吨）
2012	12.83
2013	13.01
2014	12.99
2015	12.97
2016	12.71

二、河南省智慧农业建设的现状分析

1. 大田农业智慧化

农业生产承载着农业资产与农业流通两大领域的发展（胡亚兰等，2017），大田农业作为河南省的农业支柱，将大田农业生产与互联网技术相结合将使粮食种植的运行更具有效率和活力。

在作物种植信息化建设方面，河南省主要利用 3S 技术，即遥感技术（RS）、地理信息系统（GIS）和全球定位系统（GPS）对作物种植面积、作物长势、作物产量，以及病虫害监测等方面进行监控。对于作物种植面积监测，河南省主要应用多源遥感影像数据的方法，在全球定位技术和地理信息系统的辅助下，提高作物面积的估算精度。对于作物长势监测，河南省《主要农作物生长动态监测与定量评价技术研究》项目通过验收，并在关键技术方面取得了较大突破，如作物生长参数与作物地表环境参数遥感反演优化技术、遥感作物生长模型和复杂下垫面作物面积提取的混合像元分解技术等，为河南省构建了基于多遥感反演参数的主要作物长势综合监测指标与定量评价技术体系。对于作物产量监测，目前河南省主要采用具有多波段和较高分辨率且覆盖范围大、免费的 MODIS 数据展开作物大面积产量估测作业。对于病虫害监测，河南省启动全省 1000 多个病虫害监测网点及数字化监测预警平台，借助卫星遥感技术利用光谱反射率、不同类型的植被指数等方法对病虫害进行研判。

在农业用水灌溉应用方面，河南省大力推广应用以低压管灌、喷灌、微灌为代表的高效节水灌溉技术，节水增粮、节水增效、生态环保效益显著，为粮食生产核心区建设打下了坚实基础。近年来，河南省农田水利基础建设得到大发展，2017 年，全省下达水利投资计划 117 亿元，发展高效节水灌溉 131 万亩，新增改善恢复有效灌溉面积 260 万亩，超额完成年度目标任务。2018 年，河南省将启动现代化灌区试点建设，并力争新发展 130 万亩高效节水灌溉面积。河南省农业节水灌溉具体发展状况如下表 10–2 所示。

表 10–2　河南省农业灌溉面积年度状况分析表

年份	有效灌溉面积（106hm^2）	节水灌溉面积（106hm^2）	高效节水灌溉面积（105hm^2）	
			合计	综合利用系数
2000	4.73	0.95	5.11	0.50
2005	4.86	1.31	6.7	0.53
2010	5.08	1.54	7.77	0.55
2015	5.24	1.6	1.03	0.60

2. 温室农业智慧化

日光温室作为反季节作物种植的重要基础设施，能够突破农作物对于地域、光照、水源等生长条件的限制，缓解季节性作物市场供应紧张的局面。目前，河南省利用现代农业技术推进温室农业发展的整体情况较好，内黄县、滑县等地积极开展高效农业日光温室建设，成果显著，已建设的高标准日光温室达 200 多座，其中，2017 年内黄县现代高效农业蔬菜大棚面积达 19.7 万亩，总产量 182 万吨，总产值 33 亿元。通过采用大棚温控技术，利用温度、湿度、气敏、光照等多种传感器对作物生长过程进行全程数据化管控，保证作物生长过程绿色环保，实现有机生产，促进了高效农业的发展。

课题组以焦作市新源鑫高效农业日光温室基地为主开展实际调研，该基地占地 56 亩，完全采用荷兰进口设备。对于温度把控，该温室内部安装有温度传感器，可以收集到各区域微小的温度变化，根据作物需要可以自动控制双层湿帘风机、高压喷雾、降温、升温系统，并启动通风系统，为温室智能创造适宜气候环境；对于施肥灌溉，该温室采用自动化滴灌施肥，引进原装进口的滴灌系统，自动对作物进行营养液补充；此外该温室还采用无土栽培技术、自动化阳光控制系统、自动化补给 CO_2 系统等，从而实现了电脑遥感控制温室农作物生产的全过程。

3. 信息服务系统智慧化

信息服务系统智慧化是利用物联网、云计算等先进信息技术对农业市场、农业科技、农业金融等方面的信息数据进行采集、加工与传播的过程，能够为农民准确高效的定位市场、及时把握农产品市场价格，进而直接影响农作物的种植结构（胡亚兰等，2017）。

河南省农业厅目前已开设河南省农产品价格信息监测系统、河南省农业产业化统计龙头企业监测、小麦价格周报系统、高产创建信息平台四大模块，同时设置网上批发市场，及时更新各类农产品最新价格，为农户种植、销售提供相关资讯。此外，为有序推进"互联网 + 农业"，河南省开展信息进村入户工程，截至 2017 年年底，河南省已建成运营益农信息社 37600 个，覆盖 80% 以上的行政村，综合信息服务平台开通上线。预计到 2018 年年底，全省所有行政村基本实现一村一家益农信息社；到 2020 年年底，形成比较完善的信息进村入户服务网络和运行机制，实现服务延伸到村、信息精准到户。

三、河南省智慧农业建设存在的问题

1. 建设研发资金匮乏

智慧农业需要充分依托大数据收集传输系统、终端远程控制系统等多种现代化技术装备（胡亚兰等，2017），而该类技术装备大多价格高昂，需要政府及社会资金的投入帮扶，单靠企业或个人无法完全承担。目前，资金成为制约河南省农业智慧化生产规模扩大的一大瓶颈。

据河南省统计公报数据显示，在固定资产投资中，第一产业投资金额连续多年远低于二三产业，基础建设资金相对缺乏。以焦作新源鑫公司为例，该公司从产品种类到育种、施肥、生产等设备都是荷兰进口，成本较高，由于租借土地承包经营权，无土地所有权，无法从银行获得贷款，故前期资金投入均需负债，从母公司进行贷款，资产负债率高达 90% 以上。此外，国家虽出台相关政策支持农业技术创新，省里补助部分资金，但要求该项目所在县必须配套同等资金，由于县政府资金不足，使得此项目缺乏外部资金投入。

2. 农业复合型人才不足

智慧农业是物联网、大数据等现代信息技术在农业领域的全新应用，属于知识技术密集型产业，不仅需要掌握农业生产技能和操作现代化机械设备的高素质农民，更需要掌握电子信息化的农业技术人员（胡亚兰等，2017）。但就目前而言，河南省仍存在农民劳动力素质有待提高、复合型人才缺乏等问题。

一方面，由于城乡劳动力转移，青壮年劳动力离开农村，大多数农业从业人员整体文化水平较低，传统观念根深蒂固，农业生产决策往往依赖传统经验，接受和使用现代信息化技术的能力较弱；另一方面，我国现有农业技术的院校教育主要集中在种植业和畜牧业等传统产业，缺乏农业生产经营管理和电子信息化的复合型人才，河南省农业技术人才存在较大缺口，尤其是高职称、高层次的农业人才。因此，高素质农民和高层次专业技术人员的匮乏限制了智慧农业的发展。

3. 信息化应用水平有待提高

现代信息化技术是农业发展智慧化的技术前提，信息化的应用和发展水平也影响着智慧农业发展的水平（阮青，2013）。但就目前河南省信息化建设和应用程度来看，仍存在以下两个问题：

第一，规模化农业生产力度不足限制了现代化信息技术的应用。智慧农业发展方向将是在大规模集约化生产的基础上实现网络统一监测和购销等。而河南省人多地少，当前小规模的细碎化经营模式占比较大，大多数农垦区的农业经营仍以单农户家庭为单位，不能达到集中管理、科学种植、按需生产，如焦作市国营博爱农场仍以集体土地承包给农户的方式进行独立生产。

第二，信息化基础建设阻碍了现代化信息技术的应用。农业智慧化发展需要依赖一定信息技术手段，如物联网、大数据等。然而，2016 年河南省信息社会指数为 0.3743，仍处于信息社会转型期，全国排名第 26 位，中部六省位居倒数第二，信息化建设程度较为落后，在一定程度上影响了智慧农业相关技术的应用和推广。

第十一章　河南省智慧园区调研

一、河南省产业聚集区建设概况

产业园区是产业集聚区的重要组成部分，能有效推动产业集群的形成。在产业集聚区的指导下，推进产业园区建设，不仅是实现区域经济增长的需要，更是推动城市化建设的必然选择。近年来，河南省产业集聚区建设成效显著，呈现良好发展态势，对产业园区的发展有正面影响。2017年12月，河南省人民政府办公厅印发《关于促进产业集聚区和开发区改革创新发展的实施意见》，以促进产业集聚区和开发区合理有序良性发展，更好地发挥示范、引领和支撑作用。

1. 产业集聚区分布状况

目前，河南省共有180个产业集聚区，总体分布较均衡，各地区数量差异不明显，发展水平有地域化差异。如表11–1所示，豫北的产业集聚区分布数量最多，豫南，豫西、豫东和豫中的产业集聚区分布数量较少。同时，根据河南省政府发布的《关于2016年度产业集聚区和服务业“两区”考核评价情况的通报》可知十强产业聚集区的分布情况：豫中地区6个，豫北3个，豫西1个。在2017年4月9日举行的全省转型发展攻坚推进会议上，航空港产业集聚区、经济技术产业集聚区、高新技术产业集聚区全年考核位居前三名，三个产业集聚区皆位于郑州市，说明豫中产业集聚区发展水平最高，同时也体现了河南省产业集聚区发展水平参差不齐，地域化差异明显。郑州市是河南省省会城市、国家重要的综合交通枢纽、中原经济区核心城市，受国家政策支持、政府扶持力度大，周边城市受到郑州市的辐射效应带动发展，因此，豫中地区产业集聚区发展得快且势头强劲。

表11–1　河南省产业集聚区各地区及省辖市数量分布

地区	数量占比（%）	省辖市	产业聚集区数量（个）
豫中	16.11	郑州市	15
		许昌市	8
		漯河市	6
豫西	18.89	洛阳市	17
		平顶山市	10
		三门峡市	7
豫北	25.55	安阳市	9
		鹤壁市	4
		新乡市	13
		焦作市	9
		濮阳市	8
		济源市	3
豫东	16.67	开封市	8
		商丘市	11
		周口市	11

续表

地区	数量占比（%）	省辖市	产业聚集区数量（个）
豫南	22.78	驻马店市	12
		南阳市	14
		信阳市	15

2. 产业聚集区投资与效益情况

河南省产业集聚区经济规模不断扩大，固定资产投资完成额和规模以上工业主营业务收入不断增长，带动了全省经济发展。产业集聚区的投资与效益情况主要体现在以下两个方面：

第一，全省产业集聚区的固定资产投资完成额不断增加，基础设施建设不断完善，为集聚区内产业的发展提供有力支撑，促进了全省投资的增长。图 11–1 表明，产业集聚区固定资产投资完成额在全省中所占比重维持在 50% 左右，且投资完成额持续增加，由 2013 年的 12700.25 亿元增加至 2017 年的 21897.98 亿元。但产业集聚区固定资产投资完成额增速低于全省增速，在 2017 年时增速达最低点。说明产业集聚区建设资金趋紧，投资动力不足，招商引资工作还需加强。

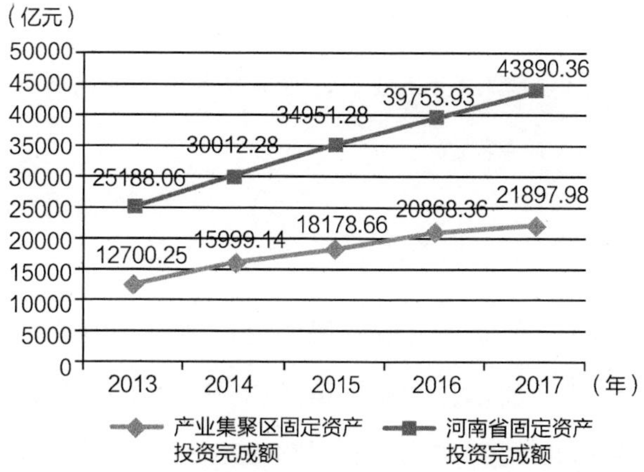

图 11–1　2013—2017 年河南省及产业聚集区固定资产投资额年度变化情况

资料来源：河南统计年鉴。

第二，河南省产业集聚区的经济效益较高，发展速度较快，规模不断扩大，为全省经济增长做出积极贡献，支撑全省经济快速发展。图 11–2 反映了河南省产业集聚区规模以上工业主营业务收入占全省收入的比重超过 50%，逐年递增，由 2013 年的 31491.06 亿元增加至 2017 年的 54838.93 亿元，其增速与全省规模以上工业主营业务收入增速基本保持一致。

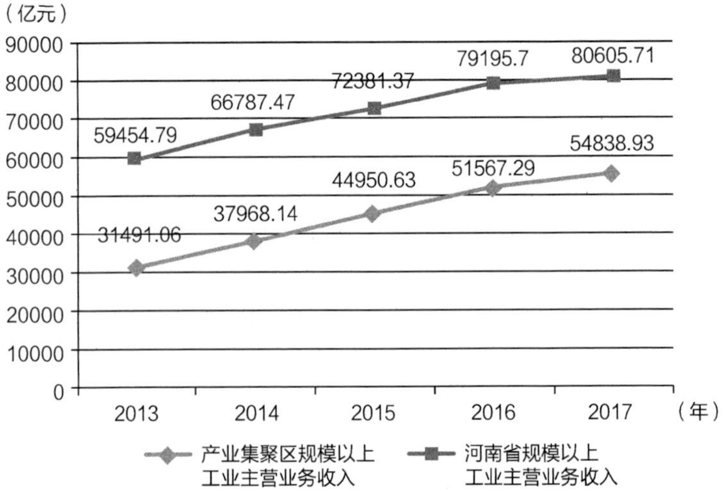

图 11–2　2013—2017 年河南省及产业聚集区规模以上工业主营业务收入年度变化情况

资料来源：河南统计年鉴。

3. 产业聚集区从业人员规模

产业集聚区吸纳劳动力就业效果明显，增加了就业机会，企业规模不断壮大。如图 11–3 所示，产业聚集区规模以上工业从业人数不断增加，从 2013 年的 3518440 人到 2016 年的 4781826 人，其中，2013—2015 年匀速增长，2015—2016 年增长速度下降。产业聚集区将中小企业聚集在一起，进行集中式的管理，实现资源共享，提供管理服务，帮助企业最大限度降低运营成本。这些优势吸引了各类企业入驻，产业聚集区的集聚效应不断增强，就业吸纳能力持续提高。

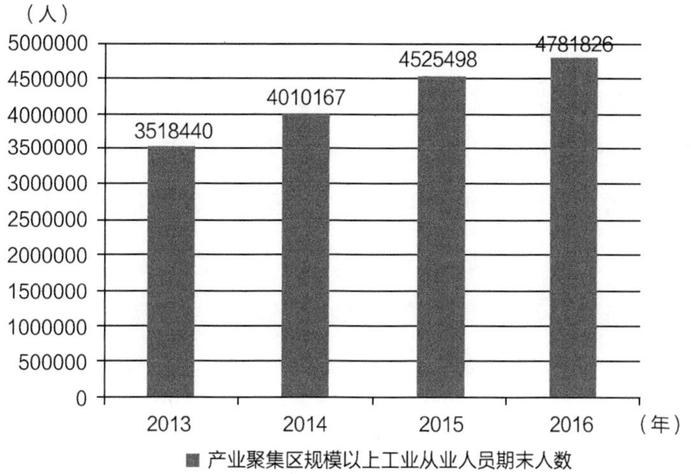

图 11-3　2013—2016 年产业聚集区规模以上工业从业人员期末人数

资料来源：河南统计年鉴。

二、河南省智慧园区建设的现状分析

智慧园区是融合智慧管理、智慧服务、智慧运维、智慧安保、智慧交通于一体的现代化园区，它借助于信息通信、智能控制、云计算、物联网、大数据等技术，实现各子系统间的“互联与集成”（郭奕星，2014）。随着全球物联网、新一代移动宽带网络、下一代互联网、云计算等新一轮信息技术的迅速发展和深入应用，智慧型园区已成为发展趋势。据课题组调研所知，河南省的园区智慧化技术还达不到智慧园区所要求的水平，全省智慧园区建设还处于初级状态。河南省园区智慧化应用现状主要体现在基础设施信息化应用、综合管理服务平台、智慧化建设投入资金这几个方面。

1. 基础设施信息化应用

基础设施信息化应用分为硬件设施应用和软件设施应用。硬件设施应用包括通信网络设施和信息化设备；软件设施应用包括信息系统、以物联网技术为基础的智能系统等。

（1）硬件基础设施应用。在通信网络设施方面，通信网络基础设施是园区实现智能化、信息化的必要条件，为智慧园区的信息应用平台提供承载网络。河南省产业园区通信网络设施比较完善，有线网络中的光纤接入率和无线网络中的局域网覆盖率基本达到 100%，无线网络中的广域网通信技术也在不断发展，NB-IoT（窄带物联网）正在推广，应用范围逐步扩大。

在信息化设备方面，河南省产业园区信息化设备建设起步较晚。多数园区在 2016 年甚至 2017 年才开始大量将设备连到商务云上，且园区没有建设数据中心和设备机房，数据整合管理效率低，灵活性差。只有极少数园区是从建设开始就云化设备，打破地域限制，且建立了本园区范围的数据中心，设置机房进行模块管理。

（2）软件基础设施应用。信息系统是园区运营、企业办公所需的基础系统。为使园区智能运营，入驻企业高效发展，园区提供了各种信息系统，包括企业信息管理系统、园区运营基础管理平台、业务办公系统等（如 K/3 Cloud、OA 系统、SQL Server、企业桌面、云顶会议中心）。

园区物联网技术应用范围广，以感知层设备为基础设立智能系统的技术相对成熟。部分园区通过物联网技术中的 RFID 标签和读写器、二维码标签和识读器、摄像头、GPS、传感器、M2M 终端、传感器网关等感知设备，设立智能安防系统、远程控制家居系统、智能环境监测系统等应用系统，提高管理效率，提供智能服务，降低人为失误。以郑州高新企业加速器产业园为例，该园区以物联网技术为基础，集成停车场管理、人员出入管理、水电智能化管理、园区一卡通管理等多个服务信息系统，通过园区运维监控系统和园区三维可视化资源管理系统，实现园区综合管理的一体化建设。因此，使得工作效率提高，全方面获取数据，为数据的深入挖掘和利用提供基础。

2. 综合管理服务平台建设

综合管理服务平台主要包含政务服务平台和企业服务平台。现阶段，河南省正在积极推进综合管理服务平台建设，各园区均设有园区政府服务平台和企业服务平台，且建设状况较好，平台架构完备，并对外公布园区新闻和园区发展状况。

园区政府服务平台涵盖内容广泛，服务能力强。多数园区政府服务平台运行状况较好，建设层次高，网站扩展性强，提供服务种类丰富，包括政务申请、资讯发布、水务气象、税收财务等多个方面。平台传达扶持政策、通知公告等重要信息及时到位，企业行政许可审批效率高。

园区企业服务云平台建设程度高。企业服务云平台为园区智慧化在企业服务模块的核心，与政务服务平台为双生系统、拥有相同构架，但是针对企业自身特点专门开发（艾达等，2016）。各园区均有自己园区的企业服务云平台，且不断进行补充完善，有的是由园区管委会进行管理，有的是企业负责运营。将 ERP（企业资源计划）、PLM（产品生命周期管理）、SCM（供应链管理）、CRM（客户关系管理）等系统放在平台上供园区入驻企业免费或收费使用，提供 IaaS（基础设施即服务）、PaaS（平台即服务）和 SaaS（软件即服务）三种模式的云计算服务及其他各种软服务，使入驻企业享受到“随时获取、按需使用、弹性扩展、按使用付费”的便利。

3. 建设资金投入

在国家大力推进“互联网 +”“智慧城市”的大背景下，河南省各级政府与相关部门相继颁发支持智慧园区项目建设的政策以响应国家号召。2015 年 8 月，河南省人民政府办公厅印发《2015 年河南省加快产业集聚区建设专项工作方案》，列出了多个项目奖励、补贴和补助条款，提出选择 20 家左右产业集聚区开展智慧园区建设试点，省级先进制造业大省引导资金给予优先支持。2016 年 3 月 29 日，河南省财政厅公布 2016 年先进制造业大省专项资金——工业结构调整专项资金拟支持项目（第一批），包括高新企业加速器智慧园区、延津县产业集聚区智慧园区和睢县产业集聚区智慧园区三个智慧园区项目，以及中牟汽车产业集聚区中小微企业智慧云平台、机器人及其智能制造信息公共服务平台等 20 个主导产业集群配套项目，旨在加快推进项目建设，严格管理专项资金。

此外，政府投资对民间投资的方向具有引导作用。政府部门的大力支持和投资，充分调动了不同领域的民间主体对园区智慧化建设进行投资。目前，河南省的园区智慧化建设主要是园区建设方投资，政府有一些补助政策进行资金补贴。建设资金匮乏的问题严重制约着园区智慧化的推进，个人、企业的投资规模扩大有效的解决了资金不足的问题。

三、河南省智慧园区建设存在的问题分析

目前，河南省智慧园区发展不成熟，智慧化建设水平参差不齐，整体建设水平尚有上升空间。各个产业园区推进智慧化建设程度差异明显，部分产业园区还未推进智慧化建设或者只是初步规划，而一些产业园区已经进行智慧园区试点项目的申报。课题组经调研后发现河南省智慧园区发展

主要存在对智慧园区认识不足、缺乏切实客观的评价体系及统筹规划不合理等问题。

1. 对智慧园区认识不足

对智慧园区的理解存在误区，理念内涵认识不准确、不全面。尽管河南省各级政府及相关部门都在积极推动智慧园区项目的进行，但由于园区部门对推进园区智慧化建设的意义作用、功能定位等问题没有准确认识，从而导致相关部门或人员的积极性不高，被动开展工作，把智慧化建设当作政绩工程或者任务，为建设而建设。因此，智慧化工程流于形式，无法达到资源及时获取、信息高效处理、园区智能运营，园区智慧化建设不仅没有带动园区企业的整体发展，反而加重了园区负担。

园区管理者的认知和领导的态度也同样影响着智慧化工作的推进。一方面，一些园区管理者认为智慧化无非是一个信息化系统，园区政务已经达到一站式服务，没必要进一步集成；另一方面，领导对项目预期和成本收益持怀疑态度，考虑到信息化的基础设施的投资非常大，需要相当长的周期，所以更倾向处于观望状态。

2. 缺乏切实客观的评价体系

切实客观的评价体系有助于进行方向定位、推进标准化建设，以更加全面科学的标准来衡量园区智慧化水平，然而目前，河南省大部分园区在该方面的建设有所欠缺。首先，多数园区没有设立园区智慧化评价体系，无法依照指标衡量园区智慧化建设水平。因此，园区建设无法向智慧园区所要求的标准靠拢，不能贴合园区实际情况进行调整。其次，部分园区虽然有评价体系，但评价体系多倾向于园区经济效益，而关于智慧化建设的评价指标数量少，可信度和实际操作性都较低，所得到的衡量结果不能准确反映园区智慧化建设水平。

以郑州高新企业加速器产业园为例，在调研中，课题组发现此园区有评价体系但评价指标少，园区管理人不能准确认识到园区智慧化建设水平的高低，对于园区情况掌握不全面，盲目地推进建设任务，导致该园区智慧化建设不均衡，总体差异明显。

3. 统筹规划不合理

园区智慧化建设缺乏合理的统筹规划，顶层设计不完善。一方面，园区初期建设规划不合理。由于针对园区智慧化方面的政策性文件还相对较少，导致园区在智慧化推进过程中缺乏整体指导和统筹规划。部分园区在制定初期建设规划时，忽视了智慧化基础设施建设规划，设计存在局限性，在建设完成后才开始推进园区智慧化，进行智慧化设备和相关基础设施的安装，方案调整难度系数高，建设施工中改动的工作量大。另一方面，园区智慧化建设规划与实际情况相差较大。部分园区存在“跟风”现象，没有根据自己园区实际条件与需求制定智慧化建设方案，照搬别的园区，建设完成后不符合园区实际情况。同时，园区缺乏统一规划，园区、企业信息化重复和无序建设，形成一个个信息孤岛，各个应用系统数据难以共享，限制了数据资源的深入利用，造成信息重复建设和资源浪费。

第十二章　调研的主要结论

智慧城市建设工作是基于新一代信息技术的新产物，是对传统城市建设的创新与发展。河南省作为我国人口大省、农业大省、交通要塞及我国三批智慧城市试点城市所属省份，其整体城市化建设水平对推进我国城市化进程具有重要影响。目前，国内关于智慧城市建设工作的相关研究取得了一定成果，但直接以河南省作为研究对象的系统分析较少，使得当前可供河南省政府部门及社会各界创新城市建设工作的理论参考较少。

为了弥补当前针对河南省运用信息化技术开展城市建设工作的研究空白，课题组在以往学者关于智慧城市建设研究的基础上，通过对河南省多地的政府部门、企事业单位、产业园区进行实地调研，分析当前智慧城市建设过程中的现状，以此为采用新一代信息化技术促进城市建设工作创新提出更有针对性、具体性的措施。本节主要对研究所取得的主要结论进行阐述。

一、河南省智慧城市建设总体状况的结论

课题组通过对河南省城市建设的政策制定、智慧政务、智慧教育、智慧医疗、智慧交通、智慧环境、智慧农业，以及智慧园区等领域的实地调研和访谈，同时，结合河南省统计年鉴和其他数据资料，得出以下结论：

河南省智慧城市建设在取得进展的同时，还存在着一些问题。首先，河南省智慧城市建设取得了丰硕成果。随着智慧城市建设理念和新一代信息技术的逐步应用，河南省级政府及各市、县政府都在进行积极的尝试。如河南省全省 18 个省辖市均提出智慧城市建设目标，部分城市（如郑州市、鹤壁市等）还根据建设目标制定了智慧城市具体发展规划。此外，河南省及各省辖市还颁布了关于扶持智慧城市发展的政策文件，将智慧城市建设工作深入到社会生活的各个方面。目前，河南省全省的智慧城市在信息化基础设施普及程度、城市管理智能化、日常生活便民化等方面发展较快。

其次，智慧城市建设工作还存在一些问题，有改进的空间。例如，目前全省智慧城市建设顶层规划不完善、对智慧城市建设的理念亟需转变；省、市级与市、市级之间政策体系缺乏协调性、出现建设目标及原则不一致的情况；智慧城市建设与研发资金不足；具备多技能的复合型人才较为匮乏；全省各地区之间由于经济发展水平、重视程度等因素出智慧城市建设水平不均衡等问题。此外，在全国智慧城市建设水平的评估报告中，河南省整体排名靠后，仍有较大的进步空间。

二、河南省智慧城市建设政策制定的结论

推进智慧城市建设是创新城市化模式及实现可持续发展的必要路径，而智慧城市建设政策作为智慧城市建设的理论指引，对其进行梳理分析，能够为今后政策文本的制定与修改提供正确、合理的方向。课题组通过对河南省智慧城市建设政策制定概况，以及政策文本的区域分布、文种类型、数量发展等方面的类型化分析，可以发现，目前河南省智慧城市建设政策文本发展具有以下五个基本特征：

一是政策文本的主题关联性呈现全面性和合理性的特征。通过确定高频主题词和对政策文本关联性主题词进行标注校准发现，高频主题词的标注覆盖率达到 97% 以上，说明河南省智慧城市建设政策文本所包含的主题内容较为全面。在将政策文本关联性主题词按照核心关联、紧密关联、一般关联和弱关联四个层级进行分类统计后发现，核心关联政策主题词和紧密关联政策主题词共占总量的 82.51%，说明大部分河南省智慧城市政策文本的主题是直接作用于智慧城市建设，分布较为合理。

二是政策文本的制定主体呈现强权威性和弱协调性的特征。从智慧城市政策制定主体来看，河南省级智慧城市建设政策的制定主体数量达 19 个省级政府部门，具有较强的权威性，反映出河南省级层面对智慧城市建设的重视。但是，在河南省级智慧城市政策中，大多是由单独政府部门所制定颁布的，占总数的 89.19%；由多部门联合制定颁布的政策仅有 4 项，且只有 1 项是由 2 个以上的权威部门联合制定颁布的。这说明河南省级部门间在对智慧城市建设的指导上协调性较弱，有待进一步加强。

三是政策文本的区域分布呈现差距性和梯次性的特征。从河南省智慧城市建设政策文本的区域分布来看，各地级市政策文本数量呈现出较大的差距性，制定政策数量最多的郑州市达到全省平均数的 2 倍，但制定政策

数量最少的济源、平顶山和漯河三个地级市，政策文本数仅为1件。并且，各地级市政策文本数量呈现出一定的梯次性特征，根据各地级市政策文本平均数，可将河南省各地级市划分为四个梯队。郑州市、许昌市和开封市为第一梯队；焦作市、濮阳市、商丘市、新乡市和鹤壁市为第二梯队；洛阳市、周口市、安阳市和三门峡市为第三梯队；南阳市、驻马店市和济源市等6市为第四梯队。

四是政策文本的文种类型呈现多样性和导向性的特征。河南省智慧城市建设政策文种类型包括发展规划（发展计划、规划纲要、指导规划）、意见（建议、实施意见、指导意见）、方案（实施、工作、建设、推进方案等）、管理办法（试行）、通知、条例、目录（试行）七大类，形式多种多样。其中，以制定发展规划、实施方案、工作计划、指导原则为主要内容的“发展规划”“方案”和“意见”类政策为主，占全省政策总数的77.19%，具有较强的宏观导向性。

五是政策文本的数量发展呈现增长性和阶段性的特征。从河南省智慧城市建设政策文本数量发展的总体趋势来看，呈现出逐步增长的态势。而具体从政策文本年度颁布数量来看，大致可以分为“萌芽”“波动”和“加速”三个阶段，其中，2010年、2012年和2015年是三个重要时间点，均有标志性的政策文本制定颁布。并且，根据各年度的政策文本具体内容分析发现，河南省智慧城市建设政策的制定具有明显的时代特征，受对智慧城市认识程度和国家大政方针的影响较大。

三、河南省智慧政务建设的结论

信息化时代下推动智慧政务的发展能够促进多方力量协同创新治理、政府职能转型升级，从而实现社会的有效治理。课题组通过对河南省级及市、县级政府部门的实地调研和访谈，对智慧政务的建设概况、智慧化应用现状及存在的问题进行全面梳理和分析，得出以下结论：

第一，河南省智慧政务建设取得一定成效，尤其是在智慧内网建设、政务平台构建和法规政策文件制定等方面发展较好。其一，省直城域网络初具规模。目前，河南省智慧政务内网纵向骨干网已实现中央、省、市、县的四级联网，横向连接多个省直部门，广域骨干传输网络已连接至18个省辖市，为全省各级、各部门的纵向业务系统应用提供了技术支撑。其二，智慧政务平台纵向应用逐步加深。目前，河南省大多数政府部门已接入智慧政务平台，实现了信息的适时交换和自动化查询，提高了联网单位的办公效率。其三，法规政策文件不断完善。近年来，河南省政府相继出台众多政策文件，为全省智慧政务建设的发展目标、工作思路、重点任务等提出指导意见。

第二，河南省政务服务智慧化取得了许多进步，但也存在一些问题。一方面，政务服务智慧化取得一定成果。首先，河南省的市、县级政府网站建设初具规模。政府网站的建设数量加快，发布的内容逐渐充实，栏目的分类逐步规范，已初步形成基层政府网站集群。其次，河南省各级政府充分发挥网络监督作用，依托互联网平台开展公开政务信息、征集意见建议、加强行政行为监督等活动，有效地推进了高效廉洁服务型政府建设。最后，河南省各级政府大力推进信息资源开发利用程度，实现各领域信息共享，提升信息服务水平。另一方面，政务服务智慧化应用仍存在一些问题。如存在由于技术制约导致全省信息化建设水平有待提高、政府网站存在“僵尸栏目”现象；智慧政务平台建设缺乏互联网专业技术人才导致部分网站建设存在安全隐患；各级部门政务信息化建设观念薄弱使得智慧政务建设遇到瓶颈，以及政府监督和社会监督体系不完善等问题。

四、河南省智慧教育建设的结论

智慧教育是传统教育在网络信息时代下的创新和发展，推进智慧教育建设能够转变教育模式、丰富教学手段、提升学生教育效果。课题组对河南省重点高校和普通本科院校进行实地调研，对智慧教育的建设概况、智慧化应用现状以及存在的不足进行梳理和分析，得出以下结论：

第一，河南省智慧教育发展经历了从宽泛推广到精准研发的过程。“十二五”期间，河南省正式开始全面推进信息技术与教育教学的深度融合。2012 年，河南省教育厅印发发展规划，系统规划了河南省未来 10 年的教育信息化建设。2013—2017 年，河南省教育厅相继出台多部发展规划，提出工作重点，如多形式推动信息化基础设施建设、扩大优质教育资源覆盖面、加快网络学习空间建设与应用，以及构建教育管理信息化支撑服务体系等，为进一步加强全省教育信息化工作提供支持。

第二，河南省教育信息化建设取得一定成效。首先，河南省信息化基础设施大幅改善。经过多年“数字化校园示范工程”“班班通工程”等一系列项目建设，河南省高校已全部完成数字化校园建设，基础类和中等职业类学校网络接入率不断提升，多媒体教室和信息化学习终端覆盖率快速增加。其次，河南省信息化教育管理系统发展成熟。河南省“数字化校园示范工程”项目启动较早，目前，全省各级教育行政部门和高校已全部建立学籍管理系统、教务教学管理系统、财务管理信息系统、后勤管理信息系统、校园一卡通系统、数字图书馆系统等信息化管理和服务系统。最后，河南省教育资源覆盖面不断扩大。一方面，微课、在线课堂、慕课等网络教学模式在各高校得到积极推广，重视程度逐步提升；另一方面，在基础教育、中等职业教育及高等教育领域，各院校都积极开展网络教学，实现教学资源的共享与开发。

河南省智慧教育建设仍存在一些亟需改善的问题。河南省智慧教育建设虽紧跟国家政策，但由于领导层重视度不足、高校性质差异、资金技术发展约束等原因，导致河南省智慧教育建设整体落后于沿海发达地区。现阶段，河南省智慧教育建设主要存在高校智慧教育建设停留在表面、具体内容不深入，重点高校与普通本科院校及理工科院校与文科院校智慧教育建设程度不均衡，以及推进智慧教育后备资金不足等问题。

五、河南省智慧医疗建设的结论

医疗服务信息化、数字化发展既能使就医者获得优质、便民的卫生服务，也能提高卫生服务机构服务效率、保证服务质量，从而实现医疗卫生体制改革。课题组通过对河南省地级市卫计委及公立医院的实地调研，对智慧医疗的建设概况、智慧化应用现状，以及存在的问题进行整理分析，得出以下结论：

第一，河南省智慧医疗建设取得一定进展，尤其在智慧医疗的应用、医疗条件，以及资金投入等方面呈现出积极向好的态势。具体表现为三个特点：一是智慧医疗应用广泛。广度上，电子病历、远程会诊、区域医疗信息平台等均得到广泛应用。深度上，区域医疗信息系统基本实现从基层到城市的连通。二是医疗条件不断改善。目前，河南省每万人拥有床位数和每万人拥有执业（助理）医师数在不断增加，这主要受河南省卫生医疗财政资金投入的增加，以及新医改目标重视程度的提升所影响。三是卫生总费用持续增加。近年来，河南省卫生总费用不断增加，且增幅也较为明显，这为全省智慧医疗的发展以及医疗条件的改善提供了强大的物质支持。

第二，河南省智慧医疗迅速发展的同时也暴露出一些严峻的问题。主要表现在三个方面：一是卫生行业复合型人才缺乏。由于信息化建设投入不均衡、边缘化的信息部门不受重视，阻碍了卫生行业信息化人才的培养。二是医疗机构间信息共享不畅。由于相关软件系统建设不完善、政策推动缺乏等原因，使得信息共享受到阻碍，导致医疗机构之间器械设施和医务人员专业水平等方面存在差异。三是顶层设计不完善且资金匮乏。目前，由于河南省智慧医疗的发展缺乏省级层面的宏观规划，使得众多地方性智慧医疗建设措施无法顺利实施。同时，近年来医疗卫生方面财政支出虽不断增加，但仍无法满足智慧医疗的建设的巨大需求。

六、河南省智慧交通建设的结论

智慧交通是依靠互联网、大数据、物联网及人工智能等多种信息技术，以国家智能交通系统体系框架为指导，以建成“高效、安全、环保、舒适、文明”的智慧交通与运输体系为目标，在优化城市交通管理系统、提高城市交通运行效率，以及保障交通运行安全等方面发挥重要作用的服务系统（封斌，2018）。课题组通过对河南省交通厅进行实地调研和访谈，对河南省交通建设概况、智慧交通应用现状及存在的问题进行整理分析，得出以下结论：

第一，河南省交通基础设施建设较为完善，公路、铁路里程及汽车数量正逐年增加。公路建设方面，河南省积极响应和完成国家公路网规划，省公路里程逐年增加。目前，河南省普通省道网由 46 条南北纵线、38 条东西横线、4 条放射线及 42 条联络线组成。铁路建设方面，为实现铁路跨越式发展和率先崛起的战略，河南省铁路总里程逐年增加。“十三五”期间，全省将形成“米”字形主通道和“井”字形侧通道布局，铁路营业里程达 7000 公里。汽车数量方面，随着社会经济的发展，河南省汽车数量呈上升趋势，2012—2016年汽车数量总体增加37.17%。

第二，河南省智慧交通建设逐步完善，但仍存在一些问题。一方面，河南省智慧交通建设取得一定进展。其一，河南省加强智慧交通基础信息建设。目前，河南省已全面建成交通运输行业信息专网、高速公路信息通信网；同时，积极搭建河南交通云计算平台和数据中心，运用大数据将信息整合发布，实现跨部门、跨区域的信息交换共享。其二，河南省加快推进公共交通服务智慧化。现阶段，河南省通过互联网平台或移动终端开展交通出行网络售票、网络支付等活动；同时，通过微信平台、网络服务监督电话等推进公众服务与监督群众化，提供信息发布、客运购票、行业服务监督、投诉举报等核心业务。另一方面，河南省智慧交通建设也存在一些不足，需要改进。主要包括智慧交通建设规划顶层设计不完善、数据信息安全、交通信息平台建设等关键技术尚未解决，以及政府部门和民众对智慧交通的认识不成熟等问题，这也成了制约河南省智慧交通建设的因素。

七、河南省智慧环保建设的结论

智慧环保是将互联互通、协调一致的发展理念与以物联网平台和“互联网+”技术为代表的智能化手段相结合，改变了传统的以人工为主的城市环境治理模式。课题组通过对河南省环保厅进行实地调研和访谈，对河南省环境建设概况、智慧环保建设现状及存在的问题进行整理分析，得出以下结论：

第一，河南省环境保护工作取得一定成效。在水源环境方面，河南省水利环境质量处于稳中趋好的态势。其中，全省地表水水质级别为轻度污染，全省城市地下水质量为良好，全省省辖市饮用水源地浓度年均值评价水质级别为良好。在大气环境方面，自2015年以来，河南省空气质量得到较大改善。其中，全省空气优良天数超过国家规定的最低天数，工业二氧化硫排放量在前期的逐步降低之后于后期急速减少。在绿地建设方面，河南省绿地建设不断加强。其中，全省实施城镇增容扩绿工程，城市新增绿化面积增加，森林面积和公园绿地面积也在逐年扩大。在环保投资方面，河南省环保投资规模不断增加。进入“十三五”时期，政策对环保的支撑力度持续增强，对环境污染治理的财政资金投入逐年增大。

第二，河南省智慧环保的监测与治理取得进展，但也存在一些问题。一方面，河南省努力推进空气与水源的监测与治理智慧化建设。其一，河南省积极推进空气监测智慧化和空气治理多样化。目前，河南省在空气质量监测方面已达到100%自动化，省辖市和部分乡镇也建立起空气监测站和简易空气站。空气治理朝多样化、精细化发展，主要采用多种除尘新技术、汽车限号等。其二，河南省积极推进水源监测智慧化和水源治理规范化。目前，河南省在水质量监测方面采用自动化和手动监测相结合，自动化比例可达到90%左右。水源治理主要借助控制工业的生产布局、发展生态农业、安装污染监测设备等手段，增加违规排污的代价。一方面，河南省智慧环保建设仍存在不足，如环保数据资源在部门内部及民众之间缺乏共享机制导致信息公开率较低；由于监测要素不全面、监测准确度不足导致环境信息多源感知能力有待提升以及未充分运用网络及信息技术导致信息化执法能力有待改进等问题。

八、河南省智慧农业建设的结论

智慧农业就是将物联网、大数据、云平台等信息技术运用到传统农业中去，通过互联网平台或移动终端实现对农业生产过程的控制，使传统农业更具有“智慧”。开展智慧农业建设能够提升农业生产效率、改善农业生产环境、整合农业生产资源、转变传统农业生产者身份，从而推进农业现代化建设。课题组通过对河南省农垦区、农产品加工企业，以及现代智慧农业企业进行实地调研和访谈，对河南省农业建设概况、农业智慧化应用现状，以及存在的问题进行整理分析，可以得出以下结论：

第一，河南省农业发展工作成果显著，在耕地面积、粮食产量和生产条件等方面均处于全国前列。首先，河南省耕地面积稳步增长。通过推进坚守耕地数量质量、永久农田规划等工作，提高了农用耕地的生产能力以及耕地总体面积。其次，河南省农作物产量逐年增加。目前，全省各级粮食部门主动适应改革新形势、积极应对发展新任务，其中，高标准粮田面积及产能增速较快、粮食生产能力持续保持稳定。最后，河南省农业种植条件逐渐改善。当前河南省农业机械化正处于速度加快、质量优先发展阶段，机械化水平和机械总动力都呈现逐步上升的趋势。同时河南省化肥农药零增长行动效果显著，肥料和农药的利用率都有不同程度的增长。

第二，河南省智慧农业建设取得一定成效，但也存在不足。一方面，河南省积极推进大田农业、温室农业及信息服务系统智慧化建设。对于大田农业，河南省主要利用3S技术对农作物种植面积、长势、产量及病虫害监测等方面进行监控，同时大力推广应用以低压管灌、喷灌、微灌为代表的高效节水灌溉技术，实现节水增粮、节水增效。对于温室农业，河南省主要采用大棚温控技术，利用温度、湿度、气敏、光照等多种传感器对农作物生长进行全程电脑管控，实现绿色环保生长。对于信息服务系统，河南省农业厅主要开设网络信息发布系统、网上批发市场及信息进村入户工程等，及时为农户种植、销售提供相关资讯，实现服务延伸到村、信息精准到户。另一方面，河南省智慧农业建设仍面临一些制约因素，如智慧农业所需专业技术装备大多价格高昂，亟需政府及社会资金投入；由于城乡劳动力转移及高校教育集中于传统模式，使得农业复合型人才供不应求；规模化农业生产力度不足及信息化基础建设有限等阻碍了现代化信息技术的应用等。

九、河南省智慧园区建设的结论

园区经济已成为河南省经济增长的助推器，进行智慧园区的建设有助于推动园区经济发展、提升园区信息服务范围和服务升级，从而促进智慧经济发展水平的提升。课题组通过对河南省产业园区进行实地调研访谈，整理分析河南省产业聚集区建设概况、智慧园区应用现状以及存在的问题得出以下结论：

第一，近年来，河南省产业集聚区建设成效显著，呈现出良好发展态势，对产业园区的发展有正面影响。在数量分布及发展状况方面，目前，河南省共有 180 个产业集聚区，总体分布较均衡，各地区数量差异不明显，但发展水平有地域化差异。其中，以郑州市为核心的豫中地区产业集聚区发展得快且势头强劲。在投资与效益方面，河南省产业集聚区经济规模不断扩大，固定资产投资完成额和规模以上工业主营业务收入不断增长，带动了全省经济发展，但固定资产投资完成额增速较低。在从业人员规模方面，产业集聚区发挥集聚效应，吸纳劳动力就业效果明显，就业机会不断增加，使得从业人员规模数量逐年匀速增长，企业规模也随之扩大。

第二，河南省智慧园区建设取得了许多进步，但同时也存在一些问题。一方面，智慧园区建设工作取得了一些进展。首先，硬件设施和软件设施都在逐步完善，光纤接入率、局域网覆盖率等基本达到 100%，应用范围逐步扩大；园区内信息系统应用多样化，以感知层设备为基础设立智能系统的技术也相对成熟。其次，河南省各产业园均设立政府服务平台和企业服务平台，建设状况较好，平台架构完备，主要用于对外公布园区新闻、园区发展状况等。最后，河南省政府部门和社会民间主体从政策支持和资金投入两方面来扶持智慧园区建设，且扶持力度逐年加大，目前，河南省产业园区已形成以园区建设方投资为主、财政补贴为辅的发展模式。另一方面，河南省智慧园区建设仍处于初级阶段。主要表现在以下三个方面：一是园区管理者对产业园区智慧建设的理解存在误区，智慧化工程流于形式；二是智慧园区评价体系偏向于经济效益，缺乏客观性和可行性；三是园区智慧化建设缺乏合理的统筹规划，顶层设计不完善等。

第十三章　河南省智慧城市建设的主要成效及问题分析

一、河南省智慧城市建设的现状及主要成效

2012年至今，住房与建设部已先后公布了三批国家智慧城市试点名单，河南省共有11个城市（区）入选，分别是郑州市、鹤壁市、漯河市、济源市、新郑市和洛阳新区6个2012年第一批试点城市，许昌市、舞钢市和灵宝市3个2013年第二批试点城市，以及开封市和南阳市2个2015年批准的第三批试点城市。与此同时，河南省各级政府也相继出台了一系列相关支持政策，18个省辖市均提出了智慧城市建设目标，郑州市、洛阳市、南阳市等中心城市还分别制定了智慧城市总体（发展或建设）规划（纲要）。随着河南省各级政府的积极推进和各社会主体的积极参与，河南

省智慧城市建设已取得了一定成效。

第一，政策规划较为全面。自智慧城市理念提出至今，河南省在省、地两级共出台相关政策文件 140 余份，政策数量逐年增长，且有多达 19 个省级部门出台了相关规定，体现了省委、省政府领导对全省智慧城市建设的重视。政策所涉及领域十分广泛，形式灵活多样，几乎囊括了政府管理、经济发展、社会生活等各个方面，有效的指导了全省智慧城市建设工作。

第二，智慧建设全面铺开。在智慧城市理念提出至今的 10 年里，河南省智慧城市建设经历了从出现萌芽到全面铺开的发展过程。在最初的萌芽阶段，河南省智慧城市建设主要集中在电子政务、网络普及等方面，而如今全省范围内在新一代信息技术广泛应用的基础上，智慧技术已渗透到社会生活的各个领域，电子政务、智慧交通、智慧医疗、智慧教育、云计算中心等一大批智慧应用均得到了长足发展，全省智慧城市建设已取得初步成效。

第三，重点领域成果显著。河南省智慧城市建设在较广泛的领域得到初步建设成效的同时，不同地区、不同部门也在部分重点建设领域取得了显著成果。例如，省铁路和公路交通部门的智慧交通建设，郑州航空港经济试验区的智慧政务、智慧园区建设，焦作市的智慧医疗建设，濮阳市南乐县的智慧政务建设等，均处于全省乃至全国前列。究其原因发现，重点领域的发展受到了地区和部门领导的特别重视，以及地区经济发展水平的较大影响。

第四，有效带动经济发展。河南省通过智慧城市的建设，带动了一大批相关产业，有效推动了全省经济发展。近年来，河南省省内大量兴起的智慧城市建设、投资企业，云计算产业，网络信息产业等，均受到了河南省智慧城市建设的有效带动。而智慧园区的建设，更是直接影响了高新技术产业的聚集，为我省的产业升级、产业结构调整注入了充足动力。

第五，民众生活质量提升。通过智慧城市的建设，尤其是智慧技术渗透至民众生活，使得社会民众的生活更加便利，生活质量得到了极大提升。智慧政务提高了民众在面对行政机关时的办事效率，智慧社区提高了民众的日常生活质量，智慧交通、移动支付更是让民众在日常出行、经济生活上体验到了及时、高效的社会服务。

二、河南省智慧城市建设中的主要问题及原因分析

根据中国社会科学院信息化研究中心和国脉互联智慧城市研究中心联合发布的《第七届（2017）中国智慧城市发展水平评估报告》显示，河南省的11个国家智慧城市试点城市无一进入全国智慧城市建设的前20名。由此可见，河南省智慧城市建设虽已取得了一些成果，但与其他省的智慧城市建设先进城市相比，仍有差距，而且，在智慧城市建设中存在的问题依然突出。课题组在经过研究之后，对河南省智慧城市建设过程中出现的主要问题进行了分析。

1. 高精人才聚集有待提高

智慧城市的建设不仅需要信息技术人才做好信息技术应用工作，还需要具有前瞻性和决策性的领导人才做好宏观规划工作及各行业的专项人才作好各领域的专业工作。作为人口大省，河南省人口红利优势依旧存在，但仍未达到人力资源强省的地位，这在一定程度上制约了智慧城市的建设与发展。

首先，河南省人力资源整体素质偏低且高学历人才向省外流失严重。根据2016年河南省人口抽样调查，在常住人口中，大专以上学历的人口

占比仅约 6.74%。而且，河南省省内国家重点院校少，全省只有郑州大学是 211 高校，且大多一本院校集中在郑州市、开封市、焦作市与新乡市等地，高素质人才培养基地较少。因此，从整体上看，河南省缺少专业技术人才及各领域领军人才来推动智慧城市建设。

其次，在智慧城市建设发展过程中，河南省缺少各领域复合型人才。这类人才不仅要求掌握本领域的专业知识与能力，还需要掌握信息技术方面的技能。根据课题组实地调研可知，在河南省的智慧农业发展过程中，城乡劳动力转移，大多数农业从业人员的文化水平较低、接受和使用现代信息化技术的能力较弱，且现有农业类院校教育主要集中在种植业和畜牧业等传统产业，缺乏农业生产经营管理和电子信息化的复合型人才，因此，这些高素质人才的匮乏限制了智慧农业的发展。

2. 政府治理能力有待强化

智慧城市涉及社会、民生等各个领域，其建设是一项非常复杂的系统型工程。河南省的智慧城市建设中，不仅管理体制机制尚未理顺，而且信息技术的应用也为政府治理带来新的挑战。

首先，政府在智慧城市建设中的治理理念有待更新。虽然河南省各地级市已经开始实施智慧城市建设，但是各政府部门及公众对“智慧理念”的认知还不足，一些职能部门的观念停留在简单的运用互联网进行办公的阶段，“服务型政府”“透明政府”“协作治理”的理念有待深入。经课题组调研可知，在河南省智慧交通建设过程中，部门地市只是把智慧交通当作监管违规现象及播报道路拥堵情况的工具，尚未发挥智慧交通在数据分析、预测、决策方面的潜能；此外，河南省智慧环保建设过程中的最大困境之一是，环保数据资源在部门之间及部门与公众之间缺乏共享机制，致使部门之间及政府部门与公众之间无法通力协作，共同应对环境治理问题。

其次，河南省在智慧城市建设中，管理体制机制尚未理顺。虽然各级政府对智慧城市进行了顶层设计，并出台了相关的实施意见，但由于各政府部门拥有不同的职责和权限且未建立完善的分工协作制度，导致智慧城市建设工作未能有效推进，出现诸多问题，例如，项目推进机制不够明确致使在推进过程中部门衔接不到位、资源整合难度高，以及监督考核机制不健全致使未能完全调动部门的积极主动性等。经课题组调研可知，河南省智慧医疗建设中缺乏省级层面的规划指导及宏观政策的导向，各部门在协同配合方面存在问题，致使许多地方性智慧医疗建设措施无法顺利开展。

3. 资金投入力度有待增强

智慧城市建设是一个长期复杂的系统工程，前期需要资金投入来改善信息化基础设施建设，后期需要资金运用到信息化基础设施的日常运营管理与维护中，并且，在智慧化建设中，关键技术的研发与应用也需要大量资金的投入，不能仅依靠政府或者企业，而需要开放协作，探索多渠道、多元化、多层级的投资建设模式，以保证智慧城市建设发展资金的长期需要。

首先，河南省各市资金投入虽逐年增加，但投入力度不平衡且整体资金使用效率较低。从整体上看，河南省的城市维护建设资金使用效率，以及市政固定资产投资效率均低于全国平均水平，深入分析可知，资金投入不足造成投资水平未达到最优规模，从而导致城市建设效率及资金的使用率低。根据《河南统计年鉴 2017》，河南省基础设施投资在 2014 年、2015 年、2016 年分别为 3883.47 亿元、5246.64 亿元、6770.19 亿元，在基础设施资金投入量逐年上升的基础上，需持续增加资金投入。此外，河南省共有 11 个城市被列入国家智慧城市试点名单里，但是各市资金投入力度差异较大。2016 年，各市全社会固定资产投资实际到位资金最多的城市有郑州市、洛阳市、南阳市，分别为 6979.42 亿元、4044.75 亿元、3408.31 亿元；而同被列为第一批智慧城市试点城市的鹤壁市、漯河市、济源市的全社会固定资产投资实际到位资金分别为 782.74 亿元、983.43 亿元、532.41 亿元。所以，如果进一步建设发展河南省新型智慧城市，则需要持续增加资金投入，同时注意各市资金投入的平衡及资金的使用效率等问题。

其次，河南省智慧城市建设中关键技术的研发与应用需要大量资金投入。根据课题组的调研可知，建设智慧交通系统需要将信息技术、计算机技术、数据通信技术、传感器技术、电子控制技术、人工智能等有效地综合运用于交通运输、服务控制和车辆制造，从而加强车辆、道路、使用者三者之间的联系，但智慧交通系统建设与高昂的技术成本之间存在较大矛盾。此外，智慧农业需要充分依托大数据收集传输系统、终端远程控制系统等多种现代化技术装备，而该类技术装备大多价格高昂，需要政府及社会资金的投入帮扶，单靠企业或个人无法完全承担，因此，资金成为制约河南省农业智慧化生产规模扩大的一大瓶颈。因而，资金问题河南省是新型智慧城市建设过程中的重大问题。

4. 产业空间布局有待调整

产业聚集已成为当今世界经济活动的显著特征，新古典经济学家马歇尔（Marshall）较早地注意到了产业聚集现象，并认为在产业的发展过程中，处在一个特定领域内相关的企业或机构，由于相互之间的共性和互补性等特征而紧密联系在一起，形成一组在地理上集中的相互联系、相互支撑的产业群，并将产业聚集的特定区域称为“产业区”。因而，河南省的产业发展状况也可以通过产业集聚区的发展状况来体现。虽然河南省产业集聚区的发展取得了较好的经济效果，但是还存在一些比较突出的问题，例如，产业聚集区空间发展不平衡及产业布局不合理等问题。此外，河南省信息产业发展也存在诸多短板。

首先，河南省产业集聚区的空间发展不平衡。近年来，河南省产业集聚区建设成果显著，但存在着各地发展不平衡等问题。一些产业园区依托原有的产业基础，发展较好，而一些新规划的产业集聚区起步晚，缺乏产业基础、配套不完善，发展较慢。总体而言，郑州市、洛阳市、新乡市的产业园区发展较好，而三门峡市、驻马店市与信阳市的产业集聚区实力较弱，其他地级市产业集聚区发展处于中等水平，全省产业集聚区整体发展水平呈现三级分化。

其次，河南省产业集聚区的产业布局不合理。目前，河南省产业集聚区之间同质化现象较为严重，主导产业带动性不强且多为传统型或资源依赖性产业，尚未形成真正的高新技术产业集群；各产业集聚区内部产业关联性低、上下游企业衔接不紧密、产业链不完整，导致产业集聚区专业化程度低、缺乏竞争力。这是由于产业集聚区建设初期，产业规划不合理，企业入驻门槛低，企业间未形成科学和有机的分工协作关系。

最后，河南信息产业在不断增长的同时，存在诸多短板。一是信息产业规模较小。产业经济的增长主要靠数量的增加，而不是规模的不断壮大；二是产业结构不平衡。产品多处于产业链的上游、价值链低端，抗风险能力和市场占有率低；三是技术力量薄弱，创新能力不够。企业研发投入普遍不足，缺乏产业技术领军人才、复合型人才、管理人才和技能型工人，贴牌产品多，自主产品少；四是商业模式单一。主要依靠政府的投资和管理，未能有效地引入社会力量的参与，不利于产业转型升级等。这些问题的存在都制约着河南省信息产业的进一步发展。

5. 战略定位思路有待精确

智慧城市建设是一项长期工程，并非一蹴而就，为了实现智慧城市建设的可持续发展，不仅需要各个城市结合自身实际情况对长远发展目标进行准确定位，还需要各个城市借助所处的战略大环境发挥自身优势。但就目前来看，河南省智慧城市建设尚未具备以上条件，以下做具体的阐述。

首先，河南省智慧城市建设的长期发展目标未能准确定位。智慧城市建设要结合城市自身特点和优势，按照一定的步骤和实施路径有序推进，而不能全面开花、平均用力，必须做到主次分明、有先有后。产业园区智慧化建设是城市智慧化建设的一个缩影，其建设经验对智慧城市建设起到借鉴作用。经课题组调研可知，河南省的部分城市在智慧产业发展过程中，有些产业园区智慧化建设规划不贴合实际情况，存在“跟风”现象，没有根据园区自身的实际条件与需求制定智慧化建设方案，而是照搬照抄，造成园区重复无序建设和资源浪费。与此类似，河南省智慧城市建设需要根据自身实际情况准确定位长期发展目标及建设步骤，避免此类现象的发生。

其次，河南省智慧城市建设未能充分融入地区或国家级重大战略。尽管河南省智慧城市顶层设计对建设内容进行了规划，但未充分结合地区及国家的长期发展战略，对实施路径及建设步骤缺乏明确建议。并且，目前河南省各市智慧城市建设未能考虑到战略发展大环境，建设项目仍以短期为主，对于后期如何引入社会资本，鼓励社会资源积极参与智慧城市的建设与运维，以及如何构建更加适合智慧城市发展的环境，包括智慧产业链条构建、智慧产业生态建设等方面的实施路径不够清晰。

6. 整体规划设计有待完善

任何一种城市建设都是一项全局性的系统工程，科学合理的规划是建设智慧城市必不可少的一个环节。河南省智慧城市建设中虽然出台了许多政策文件，但目前尚缺乏实操性强、内容完整、具有高度指导性的智慧城市建设总体规划及整体配套的政策体系。

首先，河南省智慧城市的建设缺乏完善的顶层设计。智慧城市建设需要科学统筹，应在规划阶段就明确演进路径与建设步骤，明确所需的配套与保障机制。经课题组调研发现，河南省智慧医疗及智慧政务建设过程中出现“一把手推动”的现象，如果地方党政一把手重视智慧医疗或智慧政府的建设，主动进行协调，才能积极主动的为智慧医疗或智慧政府建设创造优质的发展环境，这在某种程度上可看出在河南省智慧城市建设过程中缺乏科学完善的顶层设计，如具体的行动规划、建设步骤、管理监督机制推进智慧城市建设的可持续。

其次，河南省支持智慧城市建设发展的政策体系缺乏协调性。经课题组调研可知，河南省的政策文本颁布情况呈现出省市之间及地市之间不协调的现象。2008—2017 年，河南省省级层面政策政府部门共颁布了 37 项政策文本，但仅有 4 项文本是由多个权威主体联合颁布制定的；在 18 个地市中，郑州市颁布的政策文本数量为 17 项，济源市、平顶山市和漯河市颁布的政策文本数量仅为 1 项。此外，课题组在实地调研中还发现，河南省某些地方制定的具体政策先于省市级层面，但未能及时颁布实施。由此可知，省级部门之间在智慧城市建设中缺乏协调合作，较少联合颁布政策文本以推进智慧城市的建设与发展，且省市之间及地市之间的政策文本数量呈现出的差异性也对智慧城市建设推进力度有所不同。因此，河南省省级部门之间、省市之间，以及地市之间政策体系的协调性有待提高。

第十四章　促进郑州大都市区“智慧化一体化”发展的建议

一、郑州大都市区智慧城市群的发展思路

1. 智慧产业发展

首先，推动智慧的产业升级。中原城市群以传统农业和重工业经济为主，第三产业发展不足，产业结构总体不均衡，产业层次也难以满足“一带一路”背景下临空经济的偏好需求。智慧城市的解决方案一方面可以帮助郑州大都市区城市群建立全面的产业信息覆盖机制，通过智慧化的信息共享与流通，建立中原城市群内各企业的动态业务机制，帮助企业整合商业流程和供需信息，形成全行业链协同运作，实现产业对接；另一方面可

以均衡和优化产业结构，将原有产能过剩或过于集中的产业向周边城市区域进行转移，实现协同发展，例如，郑州市产业布局过于集聚，可以通过智慧工业进程进行产能的分散和带动；最后，智慧的产业可以通过产业信息的智能分析，帮助中原城市群完成产业升级和技术创新，带动电子信息、物流、金融、会展等第三产业的发展，加快高成长性行业的发展。

其次，培育特色的产业簇群。中原城市群内各城市的发展存在较大差异，应该围绕比较优势资源（特色资源）发展壮大相关主导产业，拉长产业链条，围绕特色产业链条使城市群区域各城市之间进行合理分工，形成有相关配套产业支撑的特色产业簇群（张擎，2011）。智慧产业可以借助产业信息的覆盖和梳理，建立特色产业簇群，整合比较优势资源，加强中原城市群内相似产业的分工与合作，实现城市之间的错位发展和互补发展。在郑州大都市区城市群内部，可以建立各个城市自身的特色产业簇群，例如，郑州市可以建立商贸物流、汽车、生活和食品业的特色产业簇群；开封市可以发展纺织、食品、药品等特色产业簇群。在中原城市群之间，也可以建立跨区域的特色产业簇群，例如，郑汴洛（郑州市、开封市、洛阳市）可以建立机械制造、石化、食品加工等特色产业带，新焦济（新乡市、焦作市、济源市）也可以建立能源和重化工的特色产业带。

2. 智慧物流发展

2014 年，习近平总书记在河南考察时，希望河南省建成连通境内外、辐射东中西的物流通道枢纽，为丝绸之路经济带建设多做贡献。前河南省委书记郭庚茂也指出，丝绸之路经济带的关键是物流。物流行业是融合金融、电子商务、货代、仓储、运输、互联网等多产业的集约化的复合型服务业，是支撑我国国民经济发展的支柱性产业（李长虹，2001）。中原城市群内拥有铁路“双十字”和“米字形”高铁网；高速公路四通八达，通车里程多年居全国首位；郑州航空港是国家首个国家战略的经济先行区，郑欧班列运行良好；综合保税区、跨境贸易电子商务等开放平台健全完备，通关便利化程度不断提高。郑州大都市区智慧物流的建设将有力推动中原城市群物流业的发展，将从以下几个方面开展：

第一，以智慧化提升郑州大都市区群物流企业的经营方式。信息化、网络化、自动化是现代化物流的基本特点（牛冲槐等，2012）。中原城市群大部分的物流企业发展水平偏低，不仅在计算机应用、信息识别、地理定位等方面的信息化程度较低，而且服务内容也多停留在仓储、运输和搬运上，无法提供规划化和综合化的物流服务。智慧物流需要提高郑州大都市区城市群内物流企业的信息平台建设水平，完善信息网络覆盖面积，以提高物流企业的运营效率、行业标准和综合竞争力。

第二，以智慧化加强郑州大都市区城市群物流行业之间的连接与合作。中原城市群内的物流企业之间由于缺乏合作与交流，物流服务内容单一，服务标准混乱，也无法通过信息共享来实现整体效益的发挥。郑州大都市区城市群智慧物流的建立需要通过智慧物流信息的联网与共享，加强物流企业之间的交流与合作，明确服务标准，统一行业规范，以提高物流产业效率、降低管理成本，以提升整个物流行业的核心竞争力。

第三，以智慧化关联郑州大都市区城市群物流与产业链的供需关系。由于缺少智慧化的网络信息管理，中原城市群内的物流企业的市场信息获取和加工能力往往较差，难以灵活把握市场信息，市场参与较为有限和被动。智慧物流的建设方向之一就是通过智慧化的物流信息建立物流企业与具有物流需要的企业之间的供需联网，要及时掌握物资进出口量大的企业在物资交易和流动等需求状况，及时预测和制定物流服务计划。较为合理的方向是构建智慧的“平台 + 商业”模式，以线上的虚拟电子商务平台和线下的物流实体运营体系，打造企业与用户的互动机制和产业链对接，推动物流行业的长足发展。

第四，以智慧化整合郑州大都市区城市群分散的物流资源与多头的行业管理。中原城市群的铁路、公路与航空都有各自的物流渠道，物流产业实行多头管理和分隔运营，造成物流资源分散，重复建设严重，设施利用率低。智慧物流需要拓宽郑州大都市区城市群物流全行业信息的覆盖面，建立规模化的物流信息平台，加强物流产业的统一规划，避免物流资源的浪费，以实现中原城市群物流行业的协同发展。

3. 智慧生态发展

首先，实现郑州大都市区城市群生态空间与城市发展的有机耦合。中原城市群必须结合其自然地理条件进行生态空间结构优化，使生态空间结构与经济社会发展布局得到有机耦合（许庆瑞等，2012）。郑州大都市区城市群智慧生态的打造必须因地制宜，要建立中原城市群生态状况的信息系统，并结合城市的基础设施布局、能源分布、桥梁道路等各类要素，通过智慧化的整合与分析，使城市发展与自然生态更和谐。这其中最关键的就是收集和整理各类生态因子的信息，包括中原城市群内的山脉、水泊、耕地等地貌信息，桥梁、道路、大型工程等人工设施信息，以及居民点、城市绿化区域等信息的分类收集，建立专业的由生态基质、生态斑块、生态廊道网络、生态节点等各类生态功能区组合成的城市生态网络系统，在此基础上实现智慧化的方案设计和统筹优化。

其次，建立郑州大都市区城市群智慧化的多渠道生态调控。第一，建立智慧的能源应用体系。运用各种智慧技术、先进设备和工艺，提高能源利用率，推动太阳能、水利、风能等可再生能源和新能源产业的发展。第二，将生态控制与调整产业结构相结合。通过智慧的解决方案优化生产中的资源配置、提高生产技术工艺，降低能源和原材料消耗，减少污染排放量。第三，打造智慧的城市生态监控系统。通过传感监测、系统仿真技术手段、数据收集和模型建立，对中原城市群的生态环境实时监测，推动清洁生产审计、垃圾处理程序、大气污染防治等城市综合治理。

4. 智慧旅游发展

首先，通过智慧化提升郑州大都市区城市群的旅游服务品质。中原城市群的旅游资源丰富，旅游产业也初具规模，已经形成了“食、住、行、游、购、娱”一体化的旅游产业链，但很多城市并没有实现优质、综合、高水准的旅游产品供给。智慧旅游可以提城市群旅游产业的现代化水平，通过信息化、网络化的智慧手段，可以助力旅游产品信息的发布与更新，可以实现景区内的人流控制与安防保障，可以优化旅游区域内外的交通调度以提高便捷性，还可以维护旅游产品的售后与反馈机制，从而提升中原城市群旅游业的竞争力。

其次，通过智慧化建立郑州大都市区城市群的旅游产业集群。旅游产业集群是以某一地域范围内的旅游景区（企业）为主体，以交通、餐饮、住宿、商业、娱乐业等基础性产业为支撑，并延伸其他相关服务企业和机构在内的综合旅游服务体系。据统计，中原城市群内共有 19 个已初步形成的旅游产业集群。其中，年收入超亿元的大型旅游产业集群有 12 个（吴君，2015）。旅游的产业集群发展模式可以发挥经济要素的集聚效应和规模化效应，并带动区域经济的发展，智慧化的旅游产业集群可以更有效地推动旅游产业的现代化。一方面，通过智慧化的提升，可以加强郑州大都市区城市群内旅游产业的集聚度，形成真正的产业集聚，而不仅仅是企业的简单叠加；另一方面，通过智慧的信息整合，可以改善中原城市群内旅游产业分散单一的局面，培育更加完善的旅游产业链；更重要的是智慧旅游可以有效地促进产业互动和地域协同，改善旅游产业集群发展的不平衡状况。

5. 智慧民生发展

智慧民生不仅是现代城市发展以人为本的应有之义，也关乎“一带一路”内涵中的“民心相通”。智慧民生主要解决两个问题，一个是智慧的城市管理，另一个是智慧的公共服务。

智慧的城市管理是实现郑州大都市区城市群智慧民生的核心。作为城市公共管理与服务供给的主体，智慧的城市管理需要实现智慧的政务、智慧的监管、智慧的政策制定，以追求善治。具体而言，要建立智慧的协同办公平台、政务公开服务平台、地理信息平台、云数据计算系统，通过一站式市政服务、电子政务服务体系、城市应急联动系统等智慧化模式使城市政府运行和管理更高效。

智慧的公共服务是依托智慧的城市管理而实现的。要全面推广面向居民的交通、医疗、教育、住房、就业、社保等智慧系统，使居民在自助性、协作性、高效性、安全性的城市生活空间获益，打造运行高效、生活便捷、城市宜居、社会和谐的郑州大都市区城市群生活标准。例如，通过智慧的交通可以实现郑州大都市区城市群区域内不同交通方式的衔接，缓解交通拥堵；通过智慧的医疗可以建立郑州大都市区城市群远程医疗系统、电子病历系统、专家信息库、临床治疗库等平台，在数据连通与共享的基础上优化医疗资源配置、完善医疗服务。

二、郑州大都市区智慧城市群的路径设计

中原智慧城市群建设可以从以下几个方面进行：高技术的人力资源的开发，政府及社会资本的投入，智慧化基础设施的建设，高新技术产业的

聚集与政府服务化管理的转变。

1. 高素质人力资源的开发

21 世纪的竞争是人才的竞争，高素质人力资源是中原智慧城市群获取竞争优势与保持可持续发展的动力源泉。对高素质人力资源进行开发的具体策略包括外部引进和内部培养两个方面（许庆瑞等，2012；肖岳，2012；李磊，2013）。

（1）高素质人力资源的外部引进。美国著名的心理学家亚伯拉罕·马斯洛在其《人类激励理论》一书中提出，可以将人类的需求分为生理、安全、社交、尊重和自我实现五种需求，并且从高到低像阶梯一样进行分布。因而，根据马斯洛的需求层次论，中原智慧城市群要想吸引、留住员工，既要满足其物质需求，又要满足其精神需求。

第一，创造满足物质需求的条件。中原智慧城市群进行高素质人力资源的开发，首先，必须营造良好的物质生活环境，提供人才成长发展的基础条件，满足其生活、安全、社交的需要，而后他们才能拥有充足的精力进行研发生产等活动；其次，城市群应具备较好的基础设施，当物质条件能更好的满足人才需要时，才能进一步吸引、留住人才，推动城市群发展。

第二，创造满足精神需求的条件。中原智慧城市群为了达到吸引和留住高素质人力资源的目的，需要做好文化软硬件设施建设，创造一流的文化教育环境。首先，强化文化硬件基础设施建设，通过优化文化载体，满足城市群内部居民的文化生活需求，提升生活质量，例如，在学校、图书馆、海洋馆、歌剧院、体育馆、科技园等配备一流基础设施；其次，提高城市群文化软实力水平，通过倡导优秀的文化理念，用理念影响行为的方式，鼓励学习科学文化知识，发展高水平教育，培养高素质人才（许庆瑞等，2013）。

（2）高素质人力资源的内部培养。城市群内部形成良好的人才培养体系更能适合中原智慧城市群的发展。一方面，通过内部培养，能力得到提升的高素质人才更适合中原智慧城市群的建设需要；另一方面，良好的内部人才培养体系能提高中原智慧城市群的吸引力，促使更多高素质人才的加入。

第一，培养符合中原智慧城市群人才层次结构的专业人力资源。根据现有的人才层次结构，中原智慧城市群应联合研究机构共同制定人才培养计划。主要包括以下几个方面：进行研究生培养计划，建立硕士生培养、博士生培养及博士后培养流动站；通过培训层次的划分和培训结果的评价对技术人才给予相应的资助，鼓励技术人才积极参加多种专业技术培训，树立不断学习不断创新的意识；鼓励城市群内外知名公司建立联合培养项目，开展企业间人才交流活动，采取“联合培养，定向输送”的方式，高效率的培养专业人才。

第二，通过产、学、研等多方合作的模式培养人才。中原城市群实现整体智慧化转型升级的目标需要大量高素质人力资源的支持，拥有高素质人才才能提高高新技术产业的发展水平，更好的完成中原智慧城市群的建设。中原智慧城市群的建设一般包括多方主体，其中，学校、科研院所、用户、金融机构、产业等都处于重要地位，由此开展产、学、研等多方合作的模式，有利于培养出中原智慧城市群更高素质的适应性人才。并且，还可以通过“干中学”隐性知识的学习方式让城市群内人才更加有效地学习中原智慧城市群建设中所涉及到的隐性知识。

2. 全方位金融资本的投入

金融资本的充足与否、资本市场运作效率的高低等对中原城市群建设和发展的各个阶段都有着十分重要的作用（吴兰贞，2013）。而充分发挥市场在资源配置中的决定性作用，采取“以政府投入为导向，引导社会资金共同参与、优化专项资金分配”的全方位投融资模式，可以充分调动社会各界来共同参与中原智慧城市群的建设。

（1）加大政府对高新技术产业的投入。高新技术产业的发展是一项长期的系统性工程，为保证资金持续、有力、有效地投入，政府需要加大资金投入并且给予政策指导。首先，要加大政府资金投入。政府的财政投入对发展中原智慧城市群内高新技术产业具有重要意义。其次，采取引导性措施，实施政策优惠制度，起到一定的示范作用，助力城市群内核心企业的进一步发展。例如，建立财力保障机制和财税政策优惠制度。最后，主动争取国家的资金扶持，推进重大高科技产业项目的发展，打造中原智慧城市群的良好形象（吴兰贞，2013）。

（2）引入其他社会资本，拓宽融资渠道。中原智慧城市群的建设除了要加大政府对高新技术产业的投入，还要积极引入其他社会资本，拓宽融资渠道，保证城市群建设资金的持续投入（肖如斐，2013）。首先，进一步完善电信运营商的投资力度，在城市群基础设施及应用系统建设过程中，电信服务商应该发挥其主导作用，不仅要提供资金进行建设，还应该满足基础设施与应用系统的后期维护花销。其次，要优化风险投资与股权投资体系，通过政策引导、环境改善及产业发展规划等多种渠道进行完善，吸引更多的民间资本。

（3）优化高新技术企业专项创业基金分配。首先，设立专项基金，鼓励技术革新。该资金主要用于中原智慧城市群中高新技术企业，以推动技术创新。在分配资金过程中，对企业数量、需求和预算等方面都要做好规划，并且根据研发进展给予一定额度的后续支持。其次，关注专项资助项目。在国家为企业创新发展提供的各项资助计划中，要重点关注国家设立、省市设立的专项资助。最后，突出重点扶植项目。在中原智慧城市群建立国家重点提出的特色创业项目，创建合作共赢的联合投资创新创业平台，打造各城市相互扶持、共担风雨，共享利益的运营机制，对前景良好、产业升级较快、产业链较长的重点企业进行扶持。

3. 智慧化基础设施的建设

中原智慧城市群的基础设施是城市群的 DNA，是城市群健康运行的生命线。中原城市群“智慧化”转型发展的首要需求是实现信息的快速共享，而通过城市群信息网络基础设施与信息共享基础设施的建设能够实现中原城市群基础设施智慧化的转变，进一步实现信息资源的快速共享。

（1）信息网络基础设施的建设。信息网络基础设施包括宽带基础设施、物联网及三网融合等，这是智慧中原智慧城市群的信息传输系统（姜德峰和齐瑞瑞，2013）。信息网络基础设施的建设，首先，需要加快各种关键技术的和软硬件基础设施的研究开发和产业化发展；其次，建立完善的法律法规体系，保证三网融合工作的顺利推进，如知识产权制度、互联网安全制度等；最后，完善中原城市群的投资融资体系，增加金融资本的投入，如我国提出了宽带中国战略，中国电信、联通、移动在中国电信进入全业务竞争的背景下，纷纷提出宽带投资计划等（姜德峰和齐瑞瑞，2013；徐鑫和陈新，2010）。

（2）信息共享基础设施的建设。信息共享基础设施的建设主要反映利用新的基础设施和技术解决资源共享、集约建设的能力，也是中原智慧城市群数据处理能力和适应大数据时代的重要基础设施，包括数据中心、云计算平台及信息安全服务平台三个方面（姜德峰和齐瑞瑞，2013）。首先，各级政府和有关部门要高度重视信息网络基础设施建设，加强规划指导与统筹协调；其次，各级政府和有关部门要开辟绿色通道，对于信息网络基础设施有关的项目简化审批流程与办理手续，加快项目建设；最后，使信息网络基础设施与网络信息安全设施同步规划、建设、运行，加强网络与信息安全保障，提高中原智慧城市群的网络信息安全保障水平。

4. 高新技术产业的聚集

中原智慧城市群的发展路径是产业驱动型，形成高新技术产业集聚能够实现高附加值、高效率、低污染的产业发展模式，推进中原智慧城市群的建设与发展。

（1）采用网络化生产结构。高新技术产业集群可以获得知识技术溢出效应与规模经济效应，还可以激发创造活力。而企业采用网络化的生产结构正式适应了高新技术产业集群发展的要求，美国硅谷内高新技术企业集聚就是一个典例。具体来讲，网络化的生产结构具有三个明显优势：首先，网络化生产有效避免因高新技术企业集研发、生产、销售一体化而产生的高昂成本和巨大风险；其次，专业化生产有利于提高企业生产效率，进而提升企业的创新机制和创新能力，以及应对风险的能力；最后，网络化生产增强高新技术企业间的横向交流，激发创造动力，增强城市群经济活力，最终能推动区域经济发展。

（2）创建高新技术产业技术联盟。高新技术产业的发展与高新技术企业生产经营状况有关，高新技术企业的生产经营与高新技术产品性价比有关，高新技术产品性价比与高新技术的研发有关。而为促进高新技术的研发可以建立高新技术产业技术联盟，即相关社会主体围绕高新技术产业中的高新技术共同目标联合起来设立的技术联盟。首先，中原城市群的各政府部门根据高新技术产业的规划发展方向，划拨科技发展资金，支持高新技术产业技术联盟的形成，使其拥有技术优势和市场优势。其次，中原智慧城市群内其他社会主体（高等院校、科研院所、高新技术企业等）可以通过签订契约或者设立法人组织等形式形成高新技术产业技术联盟，并建立相应的管理决策机构和规章制度来保证高新技术产业技术联盟的顺利运转（王一刚，2013）。

（3）促进政产学研合作。高新技术产业集群的另一个重要条件是拥有知识和技术优势，但知识优势并不等同于技术优势，两种优势相互转化才能够促进产业发展，而政府、大学、科研机构和产业为此提供了支持。首先，政府为高新技术产业持续提供资金的同时，也可以发挥政策导向作用促进企业自身提高研发资金的投入，如提高研发投入可以享受减免税收的待遇；其次，通过政府的牵线搭桥，城市群内高新技术企业可以与国内外知名高校、科研机构共同建立研发中心，申报重大科技产业化项目将研究成果产业化；最后，明确政产学研各主体的责任权利，建立政产学研合作创新体系，促进高新技术产业聚集（杨忠泰，2014）。

5. 政府服务化管理的转变

构建政府智慧化服务体系，我们可以从重塑政府管理理念、提高政务服务信息资源的开放程度和水平、推动政务服务智慧化平台建设、正确处理好城市的多主体关系四个方面来打造和谐的城市群政务服务环境。

（1）重塑政府管理理念。中原智慧城市群内各政府应该重塑管理理念，对管理形成科学性、前瞻性、实践指导性的认识，为改善创新行政管理体制扫除思想障碍。首先，政府应树立服务型政府的理念，充分体现出人文关怀的特点和以为民众服务为核心的管理理念，提高政务服务水平；其次，贯彻阳光政府的理念，制定政府政务公开的制度，对政府各部门职责职权、办事流程、决策过程、责任追究规定等进行信息公布，主动接受各主体的监督；最后，落实可持续发展的管理理念，建立政府为主导，城市其他各主体协同推进的可持续发展规定，保证中原城市群健康、有序的持续发展（邓念国，2016；李金龙和何滔，2006）。

（2）开放政务服务的信息资源。政府可以运用物联网、云计算、大数据等信息技术主动开放其掌握的政务信息资源，最大程度地发挥政务服务信息资源的价值。首先，建立统一规范的城市群内网，将分散储存在城市群各部门的政务服务数据信息在内网上聚集、融合、开放，使城市群内外各主体都可以通过城市群内网搜集到所需的政务信息，解决“信息孤岛”问题；其次，政务数据要尽可能公开，允许人们查询、下载、应用这些数据，并将政务数据信息与城市群内外企业、研究机构拥有的数据信息相互融合、按需处理，促进信息资源的高效利用；最后，建立数据仓库，鼓励政务数据的再加工，充分挖掘信息内在价值，提高其附加值（李金兆等，2015）。

（3）建设政务服务智慧化平台。政务服务智慧化平台与传统政府门户网站不同，它具有丰富的内容、完备的功能与生动的表现形态，使得智慧化程度不断提高。首先，要推动政务服务线上和线下融合发展，政府实体政务服务大厅与掌上服务大厅的有效融合，两者同步更新政务信息，弥补传统实体大厅服务受时间地点限制的缺陷；其次，推广移动政务服务模式，随着“互联网+”的热潮，将移动互联网与政务服务相结合，政府部门开通官方微博、微信、政府服务 APP 等，推广各种移动政务应用，以便公众能够随时随地享受便捷高效的服务（李金兆等，2015；赵冬梅等，2016）。

（4）正确处理好城市的多主体关系。正确处理好城市内部各政府部门的关系、政产学研之间的关系，以及城市群各政府之间的关系，建立运行机制完善、协调功能有效的政府智慧化服务体系。首先，构建完善政务服务运行机制的前提是处理好城市内部各政府部门之间的关系。城市内各政府部门之间应该紧紧围绕城市建设与发展的需要通力合作开展工作，保证各部门工作能够“高效率、快节奏”的顺利进行。其次，建立政产学研合作运行机制的基础是处理好四大主体之间的关系。具体而言，第一，运用自身的知识基础和科研优势研究开发新的科学成果，是大学、科研院所的主要任务；第二，为研究提供资金和机器设备，将研究成果转向批量产品生产是产业化的主要作用；第三，强化知识产权的保护、引导技术转向产品化和产业化是政府部门的主要任务。因此，学、研是产的前提，产是学、研的进一步发展，政是产学研之间关系规范运行的保障，四者之间相互协调，合作运行。最后，要处理好城市群各政府之间的关系，建立各政府之间规范、有效的协调运行机制。在现有行政区域划分的基础上，城市群各成员应正视自己的位置，充分利用市场配置的资源，适当转变自身职能，形成协同理念，促使中原城市群的持续、健康发展和智慧化转型（李金龙和何滔，2006）。

三、郑州大都市区“智慧一体化”建设的政策建议

1. 加强城市群内外人才与文化交流

“一带一路”既是经济发展带，也是文化交流带。只有通过文化和人才的交流才能带动智慧中原城市群的长足发展。一方面，要创建以郑州大都市区智慧城市群产业基地为依托的人才集聚平台，引进和培养由高层次、复合型的信息技术人才组成的智慧城市人才队伍，提高郑州大都市区城市群的信息化水平。另一方面，要利用河南悠久的历史和文化资源，推动中原城市群内各城市之间、中原城市群与“一带一路”沿线的省份、地区和国家开展多层次的文化交流，以人文合作带动经济合作。

2. 完善城市群多渠道投资融资体系

资金是制约智慧城市发展的关键问题，郑州大都市区城市群也不可避免受到这一问题的制约。而郑州大都市区城市群实现智慧化转型升级，必须完善城市群的投融资体系，完善投融资体系，加强金融支持和服务力度。首先，要优化郑州大都市区城市群投融资环境，推进地方信用体系的建设，加大对信用环境的整治力度，营造公平竞争的金融环境；其次，由政府主导，建立支持郑州大都市区城市群建设和高新技术企业发展的基金，优化专项基金分配措施，提高基金使用效率；最后，引入其他社会资本，拓宽融资渠道，在加大政府对郑州大都市区城市群建设与企业发展的投入的同时，还要积极引入风险投资、民间资本等其他社会资本，拓宽融资渠道，保证郑州大都市区城市群建设资金的持续投入。

3. 完善城市群信息化基础设施建设

无论是“一带一路”倡议中的“政策沟通、设施联通、贸易畅通、资金融通和民心相通”，还是智慧城市基本特征中的“互联互通”，都依赖于城市信息基础设施的建设和应用。以互联网和通讯技术为核心的信息网络与数据平台才是串联城市各类通道、整合城市综合运转系统的根本。要加强郑州大都市区城市群内的信息网络建设，推进“宽带中原”工程，及时跟进国家“互联网 +”行动计划，构建全面的信息感知网络和完善的信息安全保障。并且，在信息网络建设的基础上，要及时跟进城市各类数据库和信息资源库的建设，以便投入到城市运转的智慧化信息应用中。

4. 建立城市群内区域合作互助机制

郑州大都市区智慧城市群的建设需要在机制上保障城市群之间的互通

与协同，以加强城市群内的部门之间和地方政府之间的合作。具体而言，主要包括以下三个步骤：一是在宏观上搭建一个由省级决策和市级协调机制推动，各部门依次作调整融合的郑州大都市区城市群发展框架；二是建立和完善各城市之间的协调沟通机制，如市长联席会议机制、跨区域合作规划机制、各城市部门间的政策会商机制、城市群区域利益协调与补偿机制和相关的监督考核机制；三是成立常设性的郑州大都市区城市群协调管理机构，通过组织化和常态化的机构运转，及时制定各项产业、基建、投资、贸易等政策和规划，帮助解决垮部门、跨行业、跨区域的各种融合问题。

5. 创新城市群内政府管理体制机制

要成为智慧的郑州大都市区城市群，不仅需要从根本上改变传统的城市各系统分割化运行的理念，还要为智能化、人性化的智慧治理配备更合理的管理机制。主要包括以下四个方面：一是要加快户籍、土地、就业、社会保障等的制度改革，提高中原城市群的人口和社会管理水平；二是要简化城市的管理流程，深化资源配置，加强资源互通；三是要改革政府的管理与服务模式，鼓励公众参与到智慧城市建设的进程中，创新公共服务的多元主体供给模式；四是要加快郑州大都市区城市群的政府信息资源目录和交换体系建设，探索建立多层次、跨区域、跨部门、跨领域的信息资源开发和共享机制（张景安，2014）。

6. 融入国家级重大发展战略和倡议

郑州大都市区城市群地处中原腹地，交通优势十分明显，互通互联是其先天条件，能够为“一带一路”的物流交通合作发展提供巨大便利，需响应国家“一带一路”倡议（丁肖雅，2016）。具体而言，作为陆上交通枢纽，河南省内铁路、高速公路和铁路口岸等对外交通设施齐全，并且，新郑国际机场作为国内重要的机场之一，拥有连接东、西、南、北的空中航线，堪称空中交通枢纽。同时，郑州市、洛阳市成为丝绸之路经济带主要节点城市，郑欧班列班次密度、货重货值均居中欧班列前列，郑州至卢森堡定期货运航线开通，各城市与丝绸之路经济带沿线国家和地区交流合作不断加深，这是融入国家“一带一路”倡议的具体表现。此外，中原城市群还需切实实施《中原城市群发展规划》，努力把郑州大都市区城市群建设成为经济发展新增长极、重要的先进制造业和现代服务业基地、中西部地区创新创业先行区、内陆地区双向开放新高地和绿色生态发展示范区。因此，郑州大都市区城市群的建设发展需在明确各城市的优势下，实施《中原城市群发展规划》，对接“一带一路”倡议，保障智慧交通、智慧物流等智慧应用的实现，推动中原城市群“智慧一体化”发展。

参考文献

[1]ALAWADHI S. et al. Building Understanding of Smart City Initiatives [J] . EGOV, 2012 (5): 40–53.

[2]ALLWINKLE S, CRUICKSHANK P. Creating smarter cities: An overview [J] . Journal of Urban Technology, 2011, 18 (2): 1–16.

[3]ARMBRUST M., FOX A., GRIFFITH R., et al. A View of Cloud Computing [J] . Communications of the ACM, 2010, 53 (4): 50–58.

[4]ALEXANDROS, PANAYIDES, CLIFFORD R.KERN. Information Technology and the Future of Cities: An Alternative Analysis [J] .Urban Studies, 2005, 42 (1): 163–167.

[5]ANDERSON J., LYADURI R. Integrated urban water planning: Big picture planning is good for the wallet and the environment [J] . Water Science & Technology, 2003

(7–8)：19–23.
[6]ARRAIGN E. A New Approach to the Measurements of Urbanization[J]. Economic Development & Cultural Change，1970，18（2）：206–213.
[7]AUDLEYGENUS，Mold Ali Mohamed，Socializing the Digital Divide：Implications of ICTs and E–Business Development[J].Journal of Electronic Commerce in Organizations，2005（3）：82–94.
[8]BAKICI T. et al.A Smart City Initiative：the Case of Barcelona[J].J KnowlEcon.2013（4）：135–147.
[9]BELL R.，JUNGJ .Broad band Economies：Creating the Community of the 21st Century[M]，New York：Intelligent Community Forum，2009：101–106.
[10]BANDYOPADHYAY，KAKOLI. A framework for integrated risk management in information technology[J].Management Decision，1999(37)：437–444.
[11]BENAROCH M，YOSSI LICHTENSTEIN. Real Options in Information Technology Risk Management：An Empirical Validation of Risk–option Relationships[J].MIS Quarterly，2006，30（4）：827–864.
[12]BENAROCH M. Managing Information Technology Investment Risk：A Real Options Perspective[J].Journal of Management Information Systems，2002，19（2）：43–84.
[13]CARAGLIU A，DEL BO C，NIJKAMP P. Smart cities in Europe[M]. Vrije Universities，Faculty of Economics and Business Administration，2009.
[14]CHOURABI H，NAM T，WALKER S. et al. Understanding Smart Cities：AnIntegrative Framework[J]. Computer Society，2012：2289–2297.
[15]C.K.PRHAALDA，GYAR HAMEL. The Core Competence of the Corporation[J]. Harvard Business Review，1990（68）：79–81.
[16]COE A.，PAQUETG. and Roy J. E–Governance and Smart Communities：a SocialLearning Challenge[R]. 2011，http：//ssc.sagepub.com/content/19/1/80.abstract.
[17]California Institute for Smart Communities. Smart Communities Guide Book[M]. 2001，http：//www.smartcommunities.org/guidebook.html.
[18]CASTELLS M. The Informational City：InformationTechnology，

EconomicRestructuring, and the Urban-Regional Process [M] .London, Blackwell: 1989.

[19] CASTELLS M. The Rise of the Network Society [M] .Oxford, Blackwell: 1996.

[20] CHOURABI HAFEDH, NAM TAEWOO, et al.Understanding Smart Cities: An Integrative Framework [C] . In Proceedings of the 45th Hawaii International Conference on System Sciences, 2012: 2289-2297.

[21] CIMMINO A. et al. The role of small cell technology in future Smart City applications [J] . Transaction on Emerging Telecommunications Technologies, 2013, 11 (20): 11-20.

[22] CLIMATE GROUP. SMART 2020: Enabling the low carbon economy in the information age [EB/OL] .http: //www.smart2020.org/_assets/files/02_Smart2020Report.pdf.

[23] CLOKEP.An index of reality for England and Wales [J].Regional Studies, 2001 (7): 132-133.

[24] DAVIS K, Hertz H. The World Distribution of Urbanization [J] . Bulletin of the International Statistical Institute, 1951 (33): 227-242.

[25] DRAKIN M, AL WAER H. From intelligent to smart cities [J] . Intelligent Buildings International, 2011 (9): 45-53.

[26] DAVIS, KINGSLEY; GOLDEN, HILDA H. Urbanization and the Development of Pre-Industrial Areas [J] . Economic Development and Cultural Change3. 1954, (10): 6-26.

[27] DIRKS S. et al. How Smart is Your City?: Helping Cities Measure Progress [R] . IBM Global Business Services, 2009.

[28] DISS.KASHUBA, ROXOLANAORESTA. Bayesian methods to characterize uncertainty in predictive modeling of the effect of urbanization on aquatic ecosystems [D] . Duke University, 2010.

[29] EDGAR M, HOOVER, FRANK GIARRATANI. An Introduction to Regional Economics [M] . New York, 1985: 128, 163-165, 205, 314-316.

[30] EDWARD L, GLAESER. Are Cities Dying [J] .Journal of Economic Perspectives, 1998, 12 (2): 139-160.

[31]EDWARD L, GLAESER. The Future of Urban Research onMarket Interactions [D] . Harvard University and NBER, 1999.

[32]EEKERBERG KATARINA, JOAS MARKO. Multi-level environmental governance: a concept under stress? [J] . Local Environment. 2004, 19 (5): 405-412.

[33]GIANMARCO I.P, OYYAVIANO, GIOVANNI PERI. The Economic Value of Cultural Diversity: Evidence from US Cities [J] .NBER Working Paper, 2004: 10904.

[34]GIFFINGER R. et al. Smart Cities: Ranking of European Medium-Sized Cities [R] . 2007, Centre of Regional Science (SRF), Vienna University of Technology, Vienna, Austria

[35]GLAESER E.L., BERRYC.R.Why are smart places getting smarter? [J] . Tubman Center Policy Briefs.2006 (2): http: //www.hks.harvard.edu/rappaport/downloads/policybriefs/brief_divergence.pdf.

[36]GOLDSREIN. The measurement of urbanization and projection of urban population [M] New York: IUSSP, 2003: 587-589.

[37]GUNNING HAM NELL. Then New Collaborative Environmental Governance: The Localization of Regulation [J] . Journal of Law&Soeiety.2009, 36 (1): 145-166.

[38]H.FELLXKLOMAN. Risk Management Reports [M] .California: Sea wrack Press, 1996.

[39]HARRISON C., ECKMAN B., etc al. Foundations for Smarter Cities [J] . IBM Journal of Research and Development, 2010 (4): 1-16.

[40]HOLLANDSR.G.Will the real smart city please stand up? [J] . City, 2008, 12 (3): 303-320.

[41]JESS GASPAR, ESWARD GLASER. Information Technology and the Future of Cities [J] .NBER Working Paper, 1996: 5562.

[42]JINGFEN SHENG, JOHN P.Wilson. Watershed urbanization and changing flood behavior across the Los Angeles metropolitan region [J]. Natural Hazards, 2009(1): 41-57.

[43]JORDAN RAPPAPORT. U.S. urban decline and growth, 1950 to 2000 [J] . Economic Review, 2003: 15-44.

[44] KIRKB.Urbanization in china: town and country in a developing economy: 1949–2000 AD [M] .London: Croon Helm, 1982: 786–788.

[45] KNOKE, K. Bold New York: The Essential Road Map to the twenty–first Century [M] . New York: Kodansha, 1996.

[46] KOMNINOS N. Intelligent Cities: Innovation, Knowledge Systems, and Digital Spaces [M] . London: Spun Press, 2002: 78.

[47] KOMNINOS N. Intelligent cities: Towards interactive and global innovation environments [J] . International Journal of Innovation and Regional Development, 2009 (4): 337–355.

[48] KRUGMAN, PAUL. Increasing Returns and Economic Geography [J] . Journal of Political Economy, 1991, 9 (3): 483–499.

[49] LEYDESDORFF L, DEAKIN M. The Triple–Helix Model of Smart Cities: A Neo–Evolutionary Perspective [J] . Journal of Urban Technology. 2011, 18 (2): 53–63.

[50] LOEKWOOD.MIEHAEL, DAVIDSON.JULIE, CURTIS.ALLAN, et al. Multi–level Environmental Governance: lessons from Australian natural resource management [J] . Australian Geographer. 2009, 40 (2): 169–186.

[51] MALANGA S. The curse of the creative class [J] . City, 2004, 14 (1): http: // www.cityjournal. org/html/14_1_the_curse.html.

[52] MALEK J.A. Informative Global Community Development Index of Informative Smart City [C] . Proceedings of the 8th WSEAS International Conference on EDUCATION and EDUCATIONAL TECHNOLOGY. 2011: 121–125.

[53] MARSHALL J U. Beyond the Rank–Size Rule: A New Descriptive Model of City Sizes. Urban Geography, 1999, 18 (1): 36–55.

[54] MARSHALL.GRAHAM.R. Nesting, subsidiary, and community–based environmental governance beyond the local level [J] . International Journal of the Commons. 2008, 2 (1): 75–97.

[55] MASAHISA FUJITA, PAUL KRUGMAN, ANTHONY VENABLES. The Spatial Economy: Cities, Regions and International Trade [J] . The MIT Press, 1999: 4–6.

[56] MCLUHAN MARSHALL. Understanding Media: The Extensions of Man [J] . New York: McGraw Hill, 1964.

[57] MITCHELL L. Moss. Technology and Cities [J] .Cityscape, 1998 (3): 35–40.

[58] MITCHELL L. Moss. Telecommunications and the Future of Cities [J] .Land Development Studies, 1986: 23–27.

[59] NADIA JOANNE BRITTON, PETER HALFPENNY, FIONA DEVINE, ROSEMARY MELLOR.The Future of Regional Cities in the Information Age: The Impact of Information Technology on Manchester' s Financial and Business Services Sector [J] .Sociology, 2004, 38 (4): 795–814.

[60] NAM T, PARDO T.A. Conceptualizing Smart City with Dimensions of Technology, People, and Institutions [C] . Proceedings of the 12th Annual International Digital Government Research Conference: Digital Government Innovation in Challenging Times, 282–291.

[61] NAM TAEWOO, PARDO A. Theresa . Conceptualizing smart city with dimensions of technology, people, and institutions [C] . In Proceedings of the 12th Annual International Digital Government Research Conference, 2011: 282–291.

[62] PASKALEVA K. A. Enabling the smart city: Theprogress of city e–governance in Europe [J] . InternationalJournal of Innovation and Regional Development, 2009, 1 (4): 405–422.

[63] PETER E D LOVE, ZAHIRIRANI. Industry–centric Benchmarking of Information Technology Benefits, Costs and Risks for Small–to–medium Sized Enterprises in, Construction [J] . Automation in Construction, 2004 (13): 507–524.

[64] PHILIP L.POWELL, JONATHAN H.KLEIN. Risk management for information systems development [J] .Journal of Information Technology, 1996 (11): 309–319.

[65] RICHARD BALDWIN, RIKARDFORSLID, PHILIPPE MARTIN, GIANMARCOOTTAVIANO, FREDERIC ROBERT NICOUD. Economic Geography and Public Policy [M] .Princeton University Press, 2003: 9–34, 364–422.

[66] ROSEN K T. The Size Distribution of Cities: An Examination of the Pareto Law and Primacy [J] . Journal of Urban Eeonomics, 1980 (8): 165–186.

[67]SHAPIRO J M. Smart Cities: Explaining the Relationship between City Growth and Human Capital [R/OL]. 2011, 5 (31): http: //papers.ssrn.com/sol3/papers.cfm? abstract_id=480172.

[68]SPENCE.David.B. The Shadow of the Rational Polluter: Rethinking the Role of Rational Actor Models in Environmental Law [J]. California Law Review. 2001, 89 (4): 917–918.

[69]TURNER R, ROBERT E. Park on Social Control and Collective Behavior [M]. Chicago: University of Chicago Press, Phoenix Books, 1967.

[70]WASHBURN D., SINDHU U., etc. Helping CIOs Understand "Smart City" Initiatives: Defining the Smart City, Its Drivers, and the Role of the CIO [R]. Cambridge, MA: Forrester Research, 2010.

[71]WIRTH L. Urbanism as a Way of Life[J].American Journal of Sociology. 1938 (7): 1–24.

[72]SUSANNE DIRKS, MARY KEELING. 智慧城市的愿景——引领城市通向繁荣和可持续发展 [R]. IBM 商业价值研究院, 2009: 2.

[73]IBM. 智慧的中国，智慧的城市 [R]. 2009: 15–19.

[74]IBM. 智慧的城市在中国 [M]. 2009 (8): 1–2.

[75]IBM 商业价值研究院. 您的城市有多智慧? 帮助城市衡量进步 [EB/OL]. http: //www–31.ibm.com/cn/services/bcs/iibv/pdf/how_smart_your_city.pdf.

[76]白先春，凌亢，郭存芝. 城市发展质量的综合评价——以江苏省 13 个省辖市为例 [J]. 中国人口·资源与环境, 2004, 14 (6): 91–95.

[77]毕然，魏津瑜，王华峰. 基于 ANP 的天津市信息化水平评价指标体系研究 [J]. 情报科学, 2008, 26 (12): 1824–1828.

[78]陈昆玉. 社会信息化水平测度模型及其应用 [J]. 情报科学, 2001, 19 (1): 14–17.

[79]陈明星，陆大道，张华. 中国城市化水平的综合测度及其动力因子分析 [J]. 地理学报, 2009 (4): 387–398.

[80]陈铭，王乾晨，张晓海，张晓伟. "智慧城市"评价指标体系研究——以"智慧南京"建设为例 [J]. 城市发展研究, 2011 (5): 84–89.

[81]陈文峰，孟德友，贺振. 南省城市化水平综合评价及区域格局分析 [J]. 地

理科学进展，2011（8）：978-985.

［82］程如轩，李澄清．我国城市化水平的评价及预期分析［J］．经济问题探索，2005（1）：15-18.

［83］陈友福，张毅，杨凯瑞．我国智慧城市建设风险分析［J］．中国科技论坛，2013（03）：45-50.

［84］陈友福．我国智慧城市建设的社会风险分析［D］．华中科技大学，2013.

［85］代合治，刘兆德．复合指标法及其在测度中国省域城市化水平中的应用［J］．城市问题，1998（4）：21-24.

［86］戴磊，赵娴．我国城市化发展水平综合评价研究［J］．商业研究，2012（7）：64-69.

［87］党国锋，赵军．兰州市城市化水平与耕地面积变化的定量研究［J］．干旱区资源与环境，2008，22（4）：17-21.

［88］邓贤峰．“智慧城市”评价指标体系研究［J］．发展研究，2010（12）：111-116.

［89］董明辉，陈端吕等．基于 RITE 模型的东北老工业基地信息化水平分析［J］．地理科学进展，2009，28（2）：307-311.

［90］杜燕．社会信息化测度初探［J］．情报杂志，1997，16（6）：17-19.

［91］段永瑞．数据包络分析——理论与应用［M］．上海：上海科学普及出版社，2006：5-13.

［92］范斐，孙才志．环渤海经济圈城市化水平区位差异及其变动研究［J］．城市发展研究，2012，17（12）：30-35.

［93］方创琳，王德利．中国城市化发展质量的综合测度与提升路径［J］，地理研究，2011（11）：1931-1946.

［94］方维慰．城市信息化水平的测评研究［J］．情报科学，2003，21（10）：1028-1030.

［95］付兵荣．城市信息化测度指标体系设计及应用［J］．情报科学，2003，21（3）：230-268.

［96］顾德道，乔雯．我国智慧城市评价指标体系的构建研究［J］．未来与发展，2012（12）：74-78.

［97］郭九龙．城市社会服务管理指挥模式研究——以舟山定海为例［J］．时代金融，

2015（06）：88-89+96.
[98]耿兴荣，林炳耀．中国信息化评价指标体系初探［J］．经济地理，2002，22（6）：724-730.
[99]宫继萍，石培基等．甘肃省县域城市化水平差异的人工神经网络测定［J］．地域研究与开发，2012，31（3）：68-72.
[100]顾朝林．转型发展与未来城市的思考［J］．城市规划，2011（11）：23-34.
[101]官静，许恒国．区域城市化水平综合评价及其地域差异研究——以江苏省为例［J］．资源与产业，2008，10（1）：35-38.
[102]郭爱华．区域性信息化发展水平评价方法之比较［J］．情报杂志，2006（8）：91-93.
[103]郭建锦，郭建平．大数据背景下的国家治理能力建设研究［J］．中国行政管理，2015（06）：73-7.
[104]国家城调总队，福建省城调队课题组．建立中国城市化质量评价体系及应用研究［J］．统计研究，2005（7）：15-19.
[105]国家统计信息中心．1999—2001年中国各地区信息化水平测评与比较研究［J］．统计研究，2004（3）：3-11.
[106]国家统计信息中心．中国各地区信息化水平测算与比较研究［J］．统计研究，2001（2）：3-11.
[107]高璇．论智慧城市建设背景下我国传统产业的转型［J］．中州学刊，2016（01）：26-30.
[108]韩天璞．智慧城市建设及运营模式研究［D］．北京邮电大学，2013区信息化水平测算与比较研究［J］．统计研究，2001（2）：3-11.
[109]韩毅，邓小昭等．加权法测定重庆市信息化指数［J］．情报方法，2003（2）：50-53.
[110]韩增林，刘天宝．中国地级以上城市城市化质量特征及空间差异［J］，地理研究，2009（11）：1508-1515.
[111]侯学英．可持续城市化及其评价指标体系研究［J］．商业研究，2005（4）：36-38.
[112]贾怀京，许飞月．信息化指数模型及1985—1994年我国信息化水平的测定［J］．情报学报，1997，16（6）：461-467.

[113]蒋俊杰.从传统到智慧：我国城市社区公共服务模式的困境与重构[J].浙江学刊，2014（04）：117–123.
[114]焦微玲，粟湘.上海城市信息化现状分析研究[J].情报杂志，2006（11）：120–126.
[115]李晨光，王春新.基于群决策方法的城市信息化发展水平评估模型[J].情报杂志，2009，28（12）：204–206.
[116]李崇明.基于时间序列分析的可持续城市化综合评价模型及其应用[J].科技进步与对策，2010（12）：49–52.
[117]李恩科，徐国华.层次分析法在信息系统综合评价中的应用[J].情报学报，1998，17（6）：431–438.
[118]李国祥."智慧政府"背景下公共服务供给改革研究[D].南京大学，2016.
[119]李航，陈后金.物联网的关键技术及其应用前景[J].中国科技论坛，2011（01）：81–85.
[120]李继云，普希宁.云南省区域城市化水平评价分析[J].安徽农业科学，2007，35（32）：10474–10476.
[121]李德仁.智慧城市的概念、支撑技术及用[J].工程研究，2012（12）：313–323.
[122]李健，张春梅，李海花.智慧城市及其评价指标和评估方法研究[J].电信网技术，2010（1）：1–5.
[123]李健.新城发展中的智慧城市建设战略与框架[J].南京社会科学，2013（11）：66–71.
[124]李健.新城发展中的智慧城市建设战略与框架[J].南京社会科学，2013（11）：66–71.
[125]梁丽.我国就地城镇化发展的现实基础与策略研究[D].东华大学，2016.
[126]李明秋，郎学彬.城市化质量的内涵及其评价指标体系的构建[J].中国软科学，2010（12）：182–186.
[127]李善越.着力推进我国的"智慧城市"建设[J].理论探索，2013（05）：86–88+97.
[128]李文祥.社会建设中的制度风险与制度协调[J].天津社会科学,2007（03）：49–53.

[129]李文正. 咸阳市城市化水平综合测度及评价研究［J］. 国土与自然资源研究，2011（6）：17–19.
[130]李贤毅，邓晓宇. 智慧城市评价指标体系研究［J］. 电信网技术,2011（10）：43–47.
[131]李向军. 物联网安全及解决措施［J］. 农业网络信息，2010（12）：5–7.
[132]李晓青，郑蓉. 基于熵权系数法的城市信息化测评研究［J］. 情报杂志，2007（12）：15–19.
[133]联合国. 农村中心规划指南. 联合国亚太经济与社会委员会，1979.
[134]联合国人居组织. 伊斯坦布尔宣言［R］. 1996.
[135]刘凤莲，林爱文. 基于低碳经济视角的中国城乡一体化模式探讨［J］. 湖北农业科学，2012，51（16）：3632–3635+3640.
[136]李姝（韦华）. 西安市城市交通管理问题及其对策研究［D］. 长安大学，2012.
[137]芦效峰，程大章. 智慧城市与社会及经济信息化［J］. 智能建筑与城市信息，2013（04）：14–19.
[138]郎咸平. 中国的城市化与“逆城市化”之殇［J］. 潮商，2012（02）：61–63.
[139]刘忠祥. 基于大数据的政府公共信息资源整合应用研究［D］. 南京邮电大学，2016.
[140]刘艳军，李诚固，孙迪. 区域中心城市城市化综合水平评价研究——以 15 个副省级城市为例［J］. 经济地理，2006，26（2）：225–229.
[141]刘永谋，吴林海. 物联网的本质、面临的风险与应对之策［J］. 中国人民大学学报，2011，25（04）：35–40.
[142]刘跃. 区域信息化指数的构建与西部信息产业发展政策分析［J］. 情报杂志，2007（2）：107–110.
[143]马占新. 数据包络分析模型与方法［M］. 北京：科学出版社，2010：3–10.
[144]欧向军，甄峰，等. 区域城市化水平综合测度及其理想动力分析——以江苏省为例［J］，地理研究，2008，27（5）：993–1002.
[145]欧洲智慧城市. http：//www.smart-cities.eu/. 2012（5）.
[146]彭继东. 国内外智慧城市建设模式研究［D］. 吉林大学，2012.

[147]潘啸，马成文．基于 SWOT 分析的安徽省合芜蚌新区现代信息服务业集群发展探讨［J］．情报探索，2013（09）：50–53.
[148]钱大群．智慧的城市在中国［R］．IBM 商业价值研究院，2009：1–37.
[149]乔亲旺，洪珊．创新智慧城市建设运营模式实现可持续发展［J］．世界电信，2014（06）：34–38.
[150]乔晓华．关于内蒙古社会信息化水平的测度分析及对策探讨［J］．情报杂志，2004（7）：53–55.
[151]饶宝红，徐维祥，等．长三角地区城市化水平提升及对策研究［J］．经济问题探索，2006（6）：35–38.
[152]史璐．智慧城市的原理及其在我国城市发展中的功能和意义［J］．中国科技论坛，2011（5）：97–102.
[153]史文利，高天宝，王树恩．基于主成分分析与聚类分析的城市化水平综合评价［J］．工业工程，2008，11（3）：112–115.
[154]苏君华，孙建军．全国及各省市信息化水平测度［J］．情报学报，2005，23（6）：817–822.
[155]史笑晗．我国智慧城市建设问题浅析［J］．河南牧业经济学院学报，2016，29（05）：44–47.
[156]孙宝明．辽宁省区域城市化水平评价研究［J］．地理科学，2010，30（6）：868–872.
[157]孙亚范，余海鹏．江苏省城市化发展差异及其特征分析［J］．南京社会科学，2004（1）：91–96.
[158]宋雪纯．南昌市智慧城市建设发展水平及其发展模式研究［D］．江西理工大学，2015.
[159]王冰．循环经济，为智慧城市开路［J］．资源再生，2013（12）：16–17.
[160]王成金．大数据时代的城市管理科学化：问题与对策［D］．苏州大学，2014.
[161]王东莉．人文素养：知识经济时代科技人才的重要素养［J］．科学管理研究．2002，20（5）：57–59.
[162]王俊，张光宇．广东社会信息化水平测度及分析［J］．情报方法，2002（6）：8–12.

[163]乌敦，李百岁．内蒙古城市化水平地域差异分析［J］．经济地理，2009，29（2）：249-254.
[164]王鹏，陈涛．电子政务中政府云计算战略研究［J］．电子政务，2012（10）：81-88.
[165]巫细波，杨再高．智慧城市理念与未来城市发展［J］．城市发展研究，2010（11）：56-60.
[166]吴艳霞，张道宏．城市发展水平的综合评价及实证分析［J］．经济与管理研究，2005（8）：66-69.
[167]吴运建，孙成访．我国智慧城市建设的风险及应对策略［J］．商业时代，2013（23）：139-140.
[168]吴玉鸣，徐建华，李建霞．中国区域信息化发展水平：因素分析与综合集成评估［J］．经济地理，2004，24（3）：321-325.
[169]王正攀，王植，刘柯妗．智慧城市建设影响政府组织结构了吗？——基于346个样本的调查分析［J］．探索，2015（05）：109-114.
[170]修文群．区域信息化的测度与评价［J］．情报学报，2002，21（2）：197-208.
[171]许庆瑞等．智慧城市的愿景与架构［J］．管理工程学报，2012（4）：1-7.
[172]肖应旭．面向智慧城市的信息服务体系构建与运行模式研究［D］．吉林大学，2012.
[173]于春永．跨越的碰撞，飞跃的构想——《构建虚拟政府：信息技术与制度创新》评析［J］．电子政务，2012（05）：58-61.
[174]姚建铨．我国发展物联网的重要战略意义［J］．人民论坛·学术前沿，2016（17）：6-13.
[175]应江勇．逆势下运营商短信业务发展策略研究［J］．移动通信，2013，37（09）：78-8.
[176]原珂．智慧城市建设社会风险分析及防范策略探究［J］．领导科学，2017（08）：28-30.
[177]俞露．面向智慧城市建设的信息内容产业发展政策研究［D］．苏州大学，2014.
[178]叶美兰，王林林．物联网视域下的社会风险与政策监管［J］．南京邮电大学

学报（社会科学版），2011，13（02）：1-4.
[179]严清清 . 基于 Topsis 法的安徽省城市竞争力比较分析［J］. 保定学院学报，2014，27（05）：82-87.
[180]叶绍明，郑小贤 . 国内外林业碳汇项目最新进展及对策探讨［J］. 林业经济，2006（04）：64-68.
[181]杨兴国．智慧城市创新与发展的路径［J］．物联网・智慧城市，2012（10）：9.
[182]袁文蔚，郑磊．中国智慧城市战略规划比较研究［J］．电子政务，2012（4）：54-63.
[183]袁晓玲，王霄，等．对城市化质量的综合评价分析——以陕西省为例［J］．城市化，2008，15（2）：38-45.
[184]杨瑛 . 新标准观指引下的智慧城市顶层设计［J］. 电子政务，2016（03）：27-34.
[185]杨正华 . 城市信息化背景下提升政府公共信息服务研究［D］. 浙江师范大学，2015.
[186]张丙宣，周涛 . 智慧能否带来治理——对新常态下智慧城市建设热的冷思考［J］. 武汉大学学报（哲学社会科学版），2016，69（01）：21-31.
[187]赵大鹏 . 中国智慧城市建设问题研究［D］. 吉林大学，2013.
[188]张鸿雁．城市・空间・人际：中外城市社会发展比较研究［M］南京：东南大学出版社，2003，P256-258.
[189]张劲松．基于层次指标的统计信息化评价模型研究［J］．中国管理信息化，2008，11（14）：81-85.
[190]张丽霞，施国庆．物元模型在城市化综合评价中的应用［J］．河海大学学报，2004，32（3）：349-353.
[191]张锐 . 我国建设智慧城市的几点思考［J］. 科技信息，2013（22）：74-75.
[192]张生太、阎淑敏、段兴明等．对人力资本若干理论问题的再思考［J］．生产力研究，2003（3）：23-25.
[193]张毅，陈友福，杨凯瑞 . 智慧城市的价值分析［J］. 电子政务，2012（10）：26-34.
[194]张新红等．信息化城市的内涵、特征及其发展［J］．电子政务，2012（Z1）：2-11.

[195]赵雪雁. 西北地区城市化质量评价[J]. 干旱区资源与环境，2004（9）：69–73.

[196]郑建明，王育红. 社会信息化进程测度案例及方法分析[J]. 图书与情报，2000（2）：15–23.

[197]智慧社区论坛[EB/OL]. http：//www.intelligentcommunity.org/. 2012（5）.

[198]中国电信智慧城市研究组，智慧城市之路——科学治理与城市个性[M]. 北京：电子工业出版社，2011：89.

[199]中国电信智慧城市研究组. 智慧城市之路：科学治理与城市个性[M]. 北京：电子工业出版社，2011：113–147.

[200]中国电信智慧城市研究组. 智慧城市之路——科学治理与城市个性[M]. 电子工业出版社，2011：74 — 75.

[201]邹凯，马葛生. 基于多层次灰色评价模型的社区信息化绩效评价研究[J]. 情报杂志.

[202]张琳 . 我国现代农业科技园区战略转型的路径研究[J]. 广东农业科学，2015，42（24）：184–188.009，28（12）：34–37.

[203]周蕊，杨永胜，张志丹，李云飞 . 从规划视角对国内低碳生态城指标体系的思考[J]. 中华建设，2013（05）：68–69.

[204]张陶钧 . 智慧城市发展对经济增长促进作用的实证研究[D]. 辽宁师范大学，2015.

[205]张勇民 . A 财产保险公司全面预算管理系统设计与实现[D]. 湖南大学，2016.

[206]张运松 . 网络的技术意蕴、特性与网络伦理[J]. 科学技术与辩证法，2008（02）：66–70.

附录 1：河南省智慧政务调研访谈提纲

一、智慧政务基本概况

1. 贵市（贵县）政府部门现有信息化基础设施建设情况如何？如无线（宽带）覆盖区域及覆盖率是多少？宽带 IP 骨干网总带宽达到多少？光纤已接入多少个楼宇、小区和行政村？

2. 贵市（贵县）政府电子政务建设基本概况，如电子政务网络覆盖哪些区域？现已建设多少条线路？与市（县）政府电子政务外网接入的单位、专网接入的单位有哪些？视频监控平台已建设完成多少部探头？同时市政务数据中心建成存储空间达到的多少 TB ？

3. 贵市（贵县）开设智慧政务建设是否开设有独立的部门，该部门的人员构成和资质结构如何？政府投入建设资金年均大概是多少？

二、智慧政务的应用现状及难题

1. 目前贵市（贵县）开展的智慧政务项目主要有哪些？运营方式和建设效果如何？与智慧政务合作的运营商有哪些？政府网站、政务微信、政务微博等借助新媒体开展政务服务的媒介是否都开设？建设效果如何？

2. 贵市（贵县）利用互联网平台开展政务服务情况如何？如网上办公数量大概是多少件？ 相较于政务办公大厅办公，网络办公所占比例是多少？网络办公主要包括哪些政务项目？行政审批网络化率、政府网上采购比率都是多少？

3. 贵市（贵县）利用互联网平台开展政务公开情况如何？如在政府网站上都公开了哪些政务信息？政务信息的在线下载率、非涉密信息在线公开率、政府公务行为全程电子监察率是多少？居民使用互联网平台提出意见或建议的途径有哪些？

4. 贵市（贵县）的政府网站、云计算数据中心、城市公共信息平台以及城市监控平台等互联网政务平台在运营过程中遇到过哪些难题？现有智慧政务的信息技术或网络平台是自主创新还是技术引进？如果是技术引进，所耗费的资金大概是多少？ 其中制约技术自主研发的因素有哪些？

5. 当前开展的智慧政务建设有哪些不足？接下来的发展规划是什么？

附录2：
河南省智慧教育调研访谈提纲

一、智慧教育基本概况

1. 现有信息化基础设施建设情况如何？如宽带网络、光纤和多媒体教室覆盖率、教育资源公共服务平台、管理服务平台，以及网络学习空间等建设情况。

2. 数字化教育资源建设情况如何？如全省在基础领域、中等职业教育领域，以及高等教育领域的网络课堂、教学资源库和精品课程等网络教学模式的覆盖情况和共享程度。

3. 在网络信息时代，教师队伍建设有什么新进展？针对不同学历及职称的教师的引进及培养，全省有哪些扶持政策？教师的培养、培训经费是否有保障？

二、智慧教育的应用现状及难题

1. 目前贵单位智慧校园建设的系统构成有哪些？这些系统是什么时候开设的？访问量和使用率如何？

2. 贵单位智慧校园标准化建设情况？相较于传统教学环境，现有教学条件有什么变化？相较于其他院校，贵单位在全省高等院校智慧校园建设试点项目中的优势有哪些？

4. 贵单位利用互联网平台或移动终端等新媒体开展信息化管理和服务的整体情况如何？如在办公系统、学籍管理系统、教务教学管理系统、财务管理信息系统、后勤管理信息系统、校园一卡通系统、数字图书馆系统等方面的建设情况以及普及率。

5. 目前贵单位所采用的智慧校园建设技术或网络平台是自主创新还是技术引进？在技术研发或设备使用过程中，遇到过哪些问题？

6. 政府在推进智慧教育发展工作中主要出台了哪些政策、措施？资金投入是否有保障？具体有哪些做法？

7. 目前贵单位在智慧教育建设过程中是否遇到过发展难题？如果有，主要有哪些？

附录3：
河南省智慧医疗调研访谈提纲

一、医疗建设基本概况

1. 当前河南省各省辖市下属公立卫生医疗单位和卫生院数量以及卫生系统在编职工人数。其中，正高级（主任医师）、副高级（副主任医师）、中级（主治医师），以及初级（医士，医师 / 住院医师）人数及占比情况，不同科室人数及占比情况，如内科、外科、儿科等。

2. 现有医疗设备条件建设情况，如每万人拥有医疗机构数、每万人拥有医疗床位数，以及每万人拥有执业（助理）医师数等。

3. 近年来贵单位医疗卫生费用投入情况如何？

二、智慧医疗的应用现状

1. 贵单位利用互联网平台、移动终端等新媒体开展信息化医疗服务情况如何？如重点建设医疗急救系统、电子健康档案、远程挂号系统、电子收费系统、数字化图文体检诊断查询系统、数字化远程医疗系统等智慧医疗系统的建设状况，主要涵盖哪些互联网平台，电子健康档案建档率、远程挂号覆盖率如何？

2. 行政部门和各直属医疗卫生单位的信息网络共享情况如何？医院间医疗资源和信息共享的情况如何？以及在信息共享建设过程中面临的难题。

3. 数据库建设情况如何？如药品目录数据库、医疗人员数据库等建设情况。

4. 贵单位紧急智慧调度系统建设如何？如公共卫生应急指挥系统和免疫规划系统建设、卫生监督网格化管理信息系统建设、妇幼保健电子监测信息系统建设，以及血液管理信息系统建设等。

5. 乡镇、社区卫生信息化建设情况如何，信息化率是多少？

三、智慧医疗发展面临的困境及原因

1. 智慧医疗所需的硬件设施是自主创新还是技术引进，在先进医疗技术研发、应用等方面贵单位是否与高校、科研院所等有过联系或合作？在研发创新过程中遇到过哪些难题？

2. 政府对智慧医疗的发展建设是否给予政策支持或财政补贴？如果有，主要包括哪些措施？如果没有，主要的影响因素有哪些？

3. 贵单位目前高端医疗卫生人才构成和人才来源情况如何？针对人才引进、维护等主要有哪些措施？人才流失现象是否存在？

附录4：
河南省智慧交通调研访谈提纲

一、交通发展基本概况

1. 近年来公路里程变化情况，包括一级至四级公路以及高速公路的里程变化情况，公路绿化里程变化情况。全省公路交通网络建设情况如何?

2. 近年来铁路营业里程数及铁路客货运输量变化情况。全省铁路网建设情况如何?

3. 近年来航空旅客及货运吞吐量（国内、国际航线）的变化情况，航空飞行架次、飞行路线开通及里程数的变化情况。

4. 近年来民用车辆拥有量及社会客货运输量变化情况。

二、智慧交通的应用现状

1. 智慧交通基础信息建设情况如何？如公交站牌电子化率（公交站牌数量，电子化数量）？交通运输行业信息专网的覆盖率？城市道路传感器和城市停车诱导系统覆盖率？河南交通云计算平台和数据中心的存储量？交通地理信息平台及信息共享平台运行情况如何？

2. 智能公共交通服务体系建设情况如何？如利用互联网平台或移动终端进行网络售票的数量及金额？公交出行支付方式演变情况？网络监督、投诉、咨询服务水平如何？

3. 智慧交通管理情况如何？如全省公路安全畅通与应急处置系统的覆盖率和监控效果、道路综合管理系统覆盖率。

4. 目前全省掌握的关键技术是自主创新还是技术引进？网络平台、信息数据的安全性是否有保障？还有哪些新兴的凭借互联网技术而研发或引进的系统？有什么特点和趋势？是否与生产经营电子设备的企业、科研院所及高校合作？

5. 河南省作为全国重要的交通枢纽，近年来又引进了些新的工作或管理理念和方式？主要的发展优势有哪些？

三、智慧交通发展发展面临的困境及原因

1. 全省对公路、铁路及城市道路进行信息化建设与改造的资金投入是多少？政府有哪些扶持政策？下一步在交通运输方面的总体发展规划是什么？

2. 全省公路、铁路及城市道路电子信息化建设有哪些不足之处？在智慧交通建设方面面临着哪些难题？是否有具体的应对措施？

附录5：
河南省智慧环保调研访谈提纲

一、环境建设概况

1. 水源环境建设整体情况如何？如全省省辖市、省直管县（市）地表水、城市集中式饮用水源地、城市地下水的水质级别及检测井位数量？全省废水排放量年度变化情况如何？省辖淮河流域、淮河流域、黄河流域、长江流域的水质级别情况如何？主要污染因子有哪些？

2. 大气环境建设整体情况如何？如全省省辖市、省直管县（市）城市环境的空气质量级别、空气优良天数、细颗粒物（PM2.5）浓度、可吸入颗粒物（PM10）浓度、二氧化氮浓度、一氧化氮浓度、臭氧浓度，以及工业二氧化硫排放量的变化情况？

3. 生态建设整体情况如何？全省森林面积和公园绿地面积及覆盖率变化情况如何？全省不同级别、不同类型的自然保护区数量及占地面积变化情况如何？

4. 声环境、辐射环境建设整体情况如何？如全省省辖市、省直管县（市）建成区声环境质量级别、城市功能区噪声测点达标率，以及道路交通噪声路段达标率，全省省辖市、省直管县（市）辐射环境质量自动监测准确率。

二、智慧环保建设现状及困境

1. 目前全省在环境保护的哪些方面实现了信息化监测？如空气质量、水污染等。信息化自动监测比例能达到多少？监测站数量如何？监测精准度如何？

2. 目前全省环境治理采用的新技术有哪些？使用情况如何？在落实环境治理时有遇到哪些难题？在环境治理方面还存在什么不足之处，有什么需要加强？

3. 利用互联网平台开设的信息化环保服务平台的建设情况如何？目前主要有哪些网络平台正在运行实施？

4. 进行环保监测和治理的设备是自主创新还是技术引进？当前主要有哪些智能化监测治理设备？与科研院所、高校是否有过合作联系？

5. 全省环境污染治理的资金投入水平如何？相关技术人才构成及来源情况如何？近年来，环境保护和治理的人力、物力和财力方面有遇到哪些难题，是否有专门的应对措施？

附录6：
河南省智慧农业调研访谈提纲

一、农业发展基本概况

1. 农垦区的农业发展概况

（1）贵场是否是现代农业示范区？如果是，是在什么时候成为的以及凭借什么优势成为示范区的？当前开展的农作物种植情况如何？如主要农作物品种及规模、粮食种植面积及产量。

（2）贵场的农业产业化发展情况如何？如市场化、区域化、一体化、集约化、企业化等程度，其中，绿色现代农业高效园区是否存在，现在的建设情况如何？

（3）贵场是否实现了现代农业规模化、机械化、集约化生产，主要体现在哪些方面？如机械化率、机械化面积，机械化实施条件。

（4）贵场在农业生产种植的主要物资消耗情况（如药物、塑料薄膜、农用柴油等），是人工使用还是机械使用？若采用机械化，机械化程度是多少及何时能够实现机械化全覆盖？

（5）贵场的主要技术人才构成和人才来源情况如何？针对人才引进、维护等主要有哪些措施？

2. 农产品再加工企业以及现代智慧农业企业的发展概况

（1）贵公司主要从事的业务有哪些？市场占有率情况如何？全年营业净利润情况如何？

（2）贵公司的主要技术来源是自主创新还是技术引进？若技术设备产生故障，维修人员及费用情况如何？贵公司的研发投入或技术引进费用占主营业务收入的比例是多少？在技术研发、应用等方面贵公司是否与高校、科研院所等有过联系或合作？

（3）贵公司的主要技术人才构成和人才来源情况如何？针对人才引进、维护等主要有哪些措施？

二、智慧农业建设现状及困境

1.“互联网＋农业”政策是否贯彻实施，若已贯彻实施，主要是从哪些方面进行？若未实施，主要的制约因素有哪些？

2. 贵场或贵公司是否设立有智慧农业互联网信息服务平台或微信、微博等新媒体客户端？若已经设立，建设情况与应用情况如何？如后台由谁运作、运作效果如何等。若未设立，主要的制约因素有哪些？

3. 贵场或贵公司在针对自身开展业务的生产中都运用到了哪些科技手段？如测土配方施肥、病虫害绿色防控、高效节水灌溉技术以及无土栽培等。

4. 贵场或贵公司物联网技术以及云计算等新一代信息技术的应用现状如何？如光照、温度传感器技术监测、大棚温控技术、遥感检测等。

5. 贵场或贵公司相较于其他农垦区或企业，自身的发展优势是什么？有哪些比较有创意、有特色的产业？

6. 政府对于贵场或贵公司的建设发展是否有提供补贴或者帮助？如果有，大概包括哪些方面？

7. 贵场或贵公司在进行农业信息化和现代化建设方面有什么不足之处？打算如何改进？

附录 7：河南省智慧园区调研访谈提纲

一、产业园区建设概况

1. 产业园区在何时通过审批并建设投入使用的？当前投资建设模式和运营管理模式是怎样的？

2. 产业园区的基本概况：总规划面积、空间布局、总体投资概算、已投资金额、已建成面积、已利用面积、产业配套设施和生活配套设施等建设情况如何？

3. 目前园区产业发展定位是什么？落户园区内的企业及项目数、重点项目引进和建设情况、入驻的高新技术企业数及发展状况如何？

4. 目前园区内人才结构分布及人才来源情况如何？如就业总人数、本科及其以上人员数有多少？

二、智慧园区建设现状及困境

1. 园区内利用互联网平台开设的电子政务平台、公共服务平台等建设情况如何？如管委会官方网站、客户端、公众号等运营管理情况，内网与外网的连接情况、管委会通过网络与个人、企业等互动情况，非涉密信息数据的公开程度等。

2. 园区内信息化公共基础设施的建设情况如何？如园区内公共交通设施、绿化建设、生态建设情况等。

3. 园区内信息化网络覆盖情况如何？如有线光纤接入覆盖、无线网络覆盖以及广域网通信技术发展的情况。

4. 目前园区采用了哪些基于物联网技术的智能系统或设备？这些先进技术或设备属于自主创新还是技术引进？在技术研发创新上遇到有哪些难题？与科研院所、高校等是否开展合作联系？高端技术研发人才数量及占比情况如何？在人才引进及培养方面是否存在建设困境？

5. 目前支持智慧园区发展的政策有哪些（财政支持、税收优惠、用地等政策）？目前的招商引资推进情况如何？还存在哪些资金问题？

三、智慧园区的发展趋势

1. 园区未来重点发展方向是什么？如信息化公共基础设施的建设方向、产业发展方向、人才引进方向、融资方向等。

2. 园区将如何通过结合国家发展战略或倡议实现充分发展？如“一带一路”倡议等。

后　记

本书的最初构思来自笔者主持的河南省哲学社会科学规划项目。就当时这个项目的结项成果而言，它的篇幅和视阈非常有限，但由此产生的研究兴趣，指引着笔者在后续的研究中对智慧城市的实践与发展这一领域进行持续深挖与拓展，并最终产出了这本书稿。回顾这本书的筹备过程，是一个观点在甄别与界定中日益清晰、思路在辨析与归纳中逐渐明朗的过程。同时，由于本书关注的是郑州大都市区“智慧一体化”研究这样的实践课题，它的内容和观点尤其需要结合今后郑州市智慧城市建设的具体实践进行不断地检验、总结和发展。

笔者的故乡是河南省南阳市，是一个有着悠久历史、众多名人古迹的文化圣地。笔者生于 20 世纪 80 年代初，童年和青少年在豫西南的一个小县城中度过。当时，所能感受到的“都市”和“现代化”，全部来自于电视里展示的“外面的世界”，还有20世纪90年代大量的港剧、外国译制片。对于尚未走出南阳盆地的笔者而言，大都市、现代化是朦胧而不可及的，因此，热切地希望有一天能够亲身体验这一切，并投身于它的建设中。城市的出现，是人类走向成熟和文明的标志，城市为人类服务，并伴随人类的发展不断迈向更高阶的形式。作为一个现代化的、有生命力和包容力的“容器”，城市旨在为人类创造更美好的生活体验，承载着无数个体的梦想与渴望。2000年，笔者来到郑州市读大学，此后的20年里，在郑州市求学、就业、结婚、生子，和这个城市一起成长和进步，见证了郑州市的飞速发展。时至今日，笔者青年时期所有关于大都市的梦想体验在这座城市全都实现了，不仅如此，信息技术的发展所创造的“智慧能量”使郑州这座城市的发展得到加持，愈加具备了现代化大都市的气质与面貌。在都市繁华与历史古迹的参照之下，是我国国家现代化建设和城市发展进程的缩影。作为中部地区特大城市、中原城市群中心城市、国家重要的综合交通枢纽，郑州市在华中地区的重要地位显而易见，在未来的国家建设和城市化进程中也将发挥更重要的作用。

成家立业以后，笔者开始通过“行万里路”来探索幼年向往的“外面的世界”。十几年来，踏遍了祖国的大江南北，甚至走出国门，看到了更广阔的天地。笔者在回顾去过的城市的同时，也在心里一遍遍地勾勒、总结和比较到过的城市，渴望在这些风土人情的差异背后，体察到它们在城市建设与发展中的独特信息。这些城市分布在不同的国家和地区，并身处不同的发展阶段，但无一例外都被裹挟进信息时代的浪潮中，在各自的城市建设中展现了不同的现代化属性和智慧性元素，只不过它们遵循各自不同的发展轨迹和路径，并体现了不同的着力点和运作方式。纵观这琳琅满目的城市群像，我深深地感受到了人类文明的璀璨与夺目。

如今，信息技术成为城市之光，为世界上每一座城市贡献最灿烂的科技光芒，为不同国家、不同地区的人民创造了更多美好生活的可能性。作为一个旅人，感受最深的就是“智慧城市”所带来的交通便捷性。如果说工业时代的交通奇迹是“一桥飞架南北，天堑变通途”，实现了交通的“量变”；那么，信息时代的交通奇迹则是由“量变”到“智变”。香港就是一个极具代表性的城市，这座岛屿城市人口多、客流压力大，拥有轮渡、地铁、巴士等多种交通工具，但它同样通过“智慧交通”不仅承载了港岛内部的交通运转，还实现了与内地口岸、轨道交通的流畅对接。“智慧交通”“智慧城市”也并不仅仅是发达地区的专利，以贵阳市为例，它已经连续多年举办了国际大数据产业博览会，为全球大数据产业发展搭建了一个高端、前沿、全面的交流合作平台。各个城市的旅行经历给笔者最直观的感受就是，所有的城市都必须积极投身于这场“智慧城市”的潮流中，这是时代的命题，这是必然的趋势。可以说，“智慧”的力量已经席卷了世界上几乎所有的城市，是否“智慧”、有多“智慧”成为了划分城市现代化程度的最新指标。正如经济学家爱德华·格莱瑟在《城市的胜利》中所写，“城市是我们最伟大的发明，那么它应该有可能被重新发明”，而“智慧城市”让这一切成为可能。

党的十九大报告指出，中国特色社会主义进入新时代，我国社会主要矛盾已经转化为人民日益增长的美好生活需要和不平衡不充分的发展之间的矛盾。这一历史性变化，对党和国家的工作提出了许多新要求，未来政府的改革目标是建设人民满意的服务型政府。“智慧城市”是实现这一目标的必由之路！要服务人民就要便民，要做到便民就要实现智能化，只有借助“智慧”的科技力量才能对人民的需求进行精准分析和差异化地满足，才能真正做到让人民满意，进而实现美好生活。谁在这场“智慧角逐”中疏忽和落后，谁就可能落后于这个时代，这已经成为一种共识。纵观国内的“智慧城市”发展洪流，可以清晰地感受到它的势不可挡。以阿里巴巴的“城市大脑”为例，它所关注的是如何在原有的数据系统上进行城市资源的整合，通过“即时”“全量”“全网”“全视频”四个技术关键词实现对城市数据资源的深度挖掘，并指导城市的运行，不仅能够发挥主动发现交通违法和交通事故的功能，还能帮助寻找走失老人，真正实现城市的现代化综合治理，走在了国内“智慧城市”发展的前列。以郑州市的“智慧交通”项目为例，郑州市公安局交警支队依托联通云资源优势建设了基于云计算的交通态势实时感知、基于人工智能的交通违法自动监测等一体化服务，大大地提升了郑州市的城市智能交通管控能力。2019 年第三季度，郑州市在全国百城拥堵排名下降 12 个位次，并达到日均抓拍各类违章 14000 余车次的监控能力。同时，郑州市的“智慧交通”项目在大气污染防治攻坚战中也发挥了积极作用，这一项目利用智能交通体系，配合郑州警方，实现了对大货车、柴油车的严格管控，保障了机动车尾号限行等工作的顺利开展，促进了郑州市近两年空气质量的持续改善。而这种连锁反应，就来自于“智慧一体化”一加一大于二的强势效应，智慧改变城市，并由此改变城市个体的生活。这是时代的命题，是每一个城市都要完成的答卷。

在进入河南财经政法大学工作的前几年里，笔者致力于做一名优秀的教书匠，将大部分精力放在了教学方面，也取得了一定的成绩。相比之下，科研目标一直不明晰，尚未走出自己的科研道路。此后的几年里，逐渐意识到科研与教学的相长作用，并希望通过攻读博士研究生实现个人职业生涯的提升与转型。经历长达三年的复习准备，在三个城市、三所学校之间的奔波与尝试，以及四次考试的不断努力之后，笔者终于在 2017 年考取了华中师范大学政治与国际关系学院的博士研究生，拜读于王建国老师门下，成为王老师的第一个博士研究生。这几年的求学生涯，虽然艰辛，却也磨砺了笔者的心智、增强了笔者的意志、也逐渐摸索出了自己的科研道路。本书是在笔者的求学阶段完成的，是个人科研道路中的首个阶段性成果。在此，要感谢笔者的博导王建国老师，他是一位知识渊博、治学严谨、灵魂丰实的学者，是他为笔者打开了治学与研究的大门，并构建了一个高站位、大视野的学术研究格局，同时，使笔者养成了坚持阅读和做读书笔记的良好习惯。此外，笔者还要感谢几位同事，他们是河南财经政法大学公共管理学院的任宝玉老师、宋新谱老师、肖娜老师、韩琼老师。任宝玉老师是笔者非常尊敬的同事和领导，他一丝不苟、认真勤勉的工作态度和正直善良的个人品质一直是笔者的榜样。宋新谱老师、肖娜老师和韩琼老师作为前辈，在生活上和工作上给予了很多关心和帮助。另外，还要感谢王健睿，我们同为王建国老师门下的博士生，正是在求学期间我们互相鼓励、互相帮助，才有了今天更好的彼此，这一份同窗情长留心间。最后，笔者要感谢最亲密的家人，感谢他们的支持，让笔者没有后顾之忧，得以完成这部书稿。

在完成书稿的日子里，笔者常常感慨生于这个时代的幸运。虽说科研工作案牍劳形，是寂寞而枯燥的苦苦追索，但试想几十年前或者更早的学者们，他们要完成一本著作何等辛劳！他们一字一句地书写纸稿，更何况修改、校稿的繁冗与不便；他们亲自去寻找和查阅每一本书、每一张报纸，甚至需要亲自核对和鉴别，这是多么巨大的工作量。身为这个时代的科研工作者，我们拥有便捷有效的资料和信息渠道，这是我们的幸运，而这份幸运也同样得益于信息技术带来的“智慧力量”！未来，愿我们无愧于这个时代，不负于这个时代！

邓　岩

2020 年 3 月于郑州